# 上海吸引全球专业服务机构与专业服务业高质量发展

汪传江　著

中国财经出版传媒集团
中国财政经济出版社
北　京

**图书在版编目（CIP）数据**

上海吸引全球专业服务机构与专业服务业高质量发展 / 汪传江著. -- 北京：中国财政经济出版社，2024. 3

ISBN 978 - 7 - 5223 - 2883 - 6

Ⅰ. ①上… Ⅱ. ①汪… Ⅲ. ①服务业－经济发展－研究－上海 Ⅳ. ①F726. 9

中国国家版本馆 CIP 数据核字（2024）第 024207 号

责任编辑：彭　波　　　　责任印制：史大鹏
封面设计：卜建辰　　　　责任校对：张　凡

上海吸引全球专业服务机构与专业服务业高质量发展
SHANGHAI XIYIN QUANQIU ZHUANYE FUWU JIGOU YU ZHUANYE FUWUYE GAOZHILIANG FAZHAN

中国财政经济出版社 出版

**URL**：http：//www. cfeph. cn
E - mail：cfeph@ cfeph. cn



社址：北京市海淀区阜成路甲 28 号　邮政编码：100142
营销中心电话：010 - 88191522
天猫网店：中国财政经济出版社旗舰店
网址：https：//zgczjjcbs. tmall. com
中煤（北京）印务有限公司印刷　各地新华书店经销
成品尺寸：170mm × 240mm　16 开　9. 25 印张　106 000 字
2024 年 3 月第 1 版　2024 年 3 月北京第 1 次印刷
定价：68. 00 元
ISBN 978 - 7 - 5223 - 2883 - 6
（图书出现印装问题，本社负责调换，电话：010 - 88190548）
本社图书质量投诉电话：010 - 88190744
**打击盗版举报热线：010 - 88191661　QQ：2242791300**

# 前　　言

全球专业服务机构是全球资源配置的参与者和推动者，也是提升城市全球资源配置功能的重要支撑。全球专业服务机构的集聚度是体现城市全球枢纽和节点地位的重要指标。上海要强化全球资源配置功能，打造国内大循环的中心节点和国内国际双循环的战略链接，必须吸引全球专业服务机构大量集聚。因此，如何调整与优化相关政策、吸引全球专业服务机构集聚、提升上海的专业服务能力，对于做优做强“五型经济”中的“服务型经济”与“总部型经济”、提升上海配置全球资源能力，均具有重要现实意义。

## 一、全球专业服务机构的内涵、特征与发展趋势

“全球专业服务机构”主要是指全球范围内具有一定全球影响力的专业服务机构。上海吸引全球专业服务机构，就是在全球范围内吸引具有全球影响力的提供专业服务的跨国公司落户上海，或者提升在上海的机构能级，从而为上海配置全球资源提供支撑。专业服务机构对城市的全球资源配置功能的支撑作用，主要通过专业服务机构的国际化与全球化过程实现的。

在行业特征上，专业服务业具有高知识性、高互动性、服务与供给的时空同一性、强人才依赖性、强委托—代理性等不同于一般服务业的本质特征。在发展趋势上，专业服务业与专业服务机构呈现出智囊化、超脱化、多元化、网络化、数字化、规范化、固定化、国际化等未来趋势。

## 二、上海吸引全球专业服务机构的现状与城际比较

依据全球化与世界城市研究网络（Globalization and World Cities Research Network，“GaWC”）的全球专业服务机构名录[①]，对全球顶尖专业服务机构的各层级分支机构的全球布局进行统计，并与纽约、伦敦等全球专业服务中心城市横向比较，可以发现上海在吸引全球专业服务机构方面有如下规律。

（1）在吸引全球专业服务机构总量方面。上海已居全球前列，仅次于伦敦与纽约，已成为跨国公司群雄逐鹿的主战场；而纽约、伦敦是全球最重要的专业服务中心城市，绝大多数顶尖专业服务跨国公司在此均有机构布局。

（2）在集聚全球总部方面。纽约、伦敦占有绝对优势，美国在全球专业服务领域占据主导地位；上海与中国其他城市无一上榜，严重缺少有影响力的本土公司。分行业来看，伦敦与纽约是全球法律服务中心，伦敦是全球会计服务中

① “全球化和世界城市研究网络”的全称是“Globalization and World Cities Research Network”，简称 GaWC。GaWC 在全球拥有 280 余位长期合作的全球城市研究专家，一直致力于全球城市网络研究，是全球范围内最重要、最权威的全球城市研究机构，其基于全球专业服务业分支机构构建全球城市连锁网络的方法已成为全球城市网络研究中的通用方法之一。

心，波士顿是全球咨询管理中心，纽约是全球广告中心。

(3) 在洲级与国家级总部方面。洲级总部分布很不平衡，主要集中在纽约、伦敦、迪拜与香港；而国家级总部分布相对平衡，所在城市能级也相对较低；上海在洲级总部与国家级总部数量上与全球先进城市存在较大差距。分行业来看，上海在管理咨询与广告两个领域拥有相对较多的洲级与国家级总部，而在会计与法律领域总部数量较少，行业不平衡性严重。

(4) 在低等级机构方面。上海是全球数量最多的城市。

## 三、上海吸引全球专业服务机构存在的主要问题与政策短板

上海吸引全球专业服务机构存在以下几个方面的问题：

(1) 本土专业服务跨国公司严重缺乏，与纽约、伦敦等全球顶级专业服务中心城市相比，在培育本土专业服务跨国公司的能力上存在“质”的差别。

(2) 各层级总部机构数量较少，存在“量级”差距。

(3) 高能级总部严重不足，存在重大“能级”落差。

(4) 行业分布不均衡，存在特定“领域”短板，在法律、会计咨询等受政策影响较大的行业，上海吸引跨国公司能力相对较弱，而在广告、管理咨询等受政策影响相对较小的行业，跨国公司集聚相对更多。

(5) 机构来源不够分散，主要来自伦敦、纽约两大专业服务中心，存在“来源地”单一问题。上海虽然拥有全

球最多的专业服务机构数量，但主要是低等级的办事处与代表处。可见，虽然全球专业服务跨国公司对上海专业服务市场垂涎已久，但对真正全面进入又有所顾忌、游移不定。

造成上述问题的政策瓶颈主要在于：

（1）政府政策重视力度不够，未出台针对专业服务业开放与发展的专门指导性文件。

（2）国家特殊政策支持不足，专业服务业开放受限，如法律等专业服务业的部分关键领域尚未开放，已准入领域依然存在大量进入壁垒，当前开放模式不能适应专业服务业开放的需求。

（3）营商环境与配套政策仍有待增强，与先进城市相比存在较大差距，主要表现为知识产权以及商业信用保护不足、专业服务业跨国公司参与政府咨询与国有企业项目较难、适用于专业服务业的税收税率过高、税收政策有待优化。

（4）产业政策针对性不强，支持措施缺乏多样性，主要表现为高能级跨国公司认定标准过高，不适用于专业服务业，吸引跨国公司设立总部的优惠条件无法适用、专门针对专业服务业的产业支持政策严重缺乏，少有的个别支持措施也过于单一、缺乏有效性。

（5）优势资源集聚不足，人才政策吸引力不强，主要表现为现已集聚的存量专业服务人才资源与先进城市存在较大差距、上海对国内专业服务业人才的吸引力持续下降、对外籍专业服务人才的便利支持不够。

## 四、国内外城市吸引全球专业服务机构的经验借鉴

全球范围内已有一些具有重要全球影响力的专业服务中心城市，这些城市吸引全球专业服务机构的做法值得上海学习与借鉴，本报告选择四类不同案例进行分析，分别是传统专业服务中心城市香港、新兴成熟的专业服务中心城市新加坡、新兴崛起中的专业服务中心城市迪拜以及国内最重要的专业服务中心城市北京。

从案例分析来看，无论是国内还是国外，无论是传统专业服务中心城市还是新兴成长与崛起中的城市，吸引全球专业服务机构、打造具有全球影响力的专业服务中心，离不开以下三个主要方面：加强专业服务业的对外开放是前提保证、塑造与国际接轨的优质软硬营商环境是关键根本、发挥政府产业政策的支持作用是重要抓手。国内外案例充分证明，只有从上述三个方面同时发力，才能让全球专业服务机构“进得来、留得住、发展得好”。

## 五、上海加快吸引全球专业服务机构的政策建议

要加快上海吸引全球专业服务机构，必须坚持《上海市服务业发展“十四五”规划》（沪府办发〔2021〕7号）的统筹部署，对标一流标准，紧抓国务院将上海新增为服务业扩大开放综合试点城市的战略机遇，围绕“进得来、留得住、发展得好”，建议从以下几个方面采取措施并落实。

一是降低市场准入与经营限制，扩大专业服务业重点领

域的开放与合作。其中包括：①探索法律服务领域的扩大开放。将2014年上海自贸区试点中外律师事务所“互派”和“联营”的做法推广到上海全域，推广国内律师事务所聘请外籍律师担任外国法律顾问试点，大胆积极探索中国律师事务所与外国及港澳台地区律师事务所业务密切合作的方式与机制。②继续放宽其他专业服务领域的限制与认证条件。进一步扩大会计审计领域的对外开放，取消外商投资人力资源服务机构的条件限制，全面放开建筑与工程设计领域的外资准入资质限制，取消外商投资认证机构与投资性公司的限制性条件。③探索建立专业服务国际联合体。探索推进沪港澳专业服务机构共建，以联合体方式加强专业服务机构国际合作，建立跨领域多资质的综合性专业服务机制。

二是推动职业资质互认，为专业服务人才来沪工作提供通道与便利。其中包括：①放宽专业服务人才执业资质认可。制定国际通行的职业资格认可清单，以RECP为契机探索专业服务资质国际互认，推行沪港澳“一试三证”评价模式，为具有境外职业资格的专业人才来沪执业开辟通道。②支持境外专业服务人士考取我国相应执业资格并在沪注册执业。坚持不影响国家安全前提下的全面放开原则、放宽向境外人员开放的职业资格考试目录范围与限制条件、保障通过职业资格考试的境外人员在职业资格与认可上享有同等权利与待遇。③支持境外专业技术人才参与本市职称评聘。扩大境外专业技术人才参与本市职称评定范围、放宽高层次专业服务人才评审职称的限制条件、加大对中等层次专业技术境外人才职称评定的支持力度。

三是补足配套机制短板，优化全球专业服务机构营商环境。其中包括：①深化“放管服”改革，降低全球专业服务机构进入壁垒。坚决全面清理负面清单之外的外资准入限制措施，真正落实“非禁即入”、分类再造审批流程，破解“准入不准营”难题以及政策透明度，提升营商环境。②加强知识产权保护，夯实专业服务业发展的商业信用体系。建立与专业服务业相适应的知识产权保护体系、加强知识产权领域的区际与国际合作保护、健全社会信用体系。③建立上海专业服务业决策与监管的数据支持体系。构建专业服务业营商环境动态监测系统、进一步健全专业服务业的统计体系、完善以数据为支撑的专业服务业监管体系。

四是强化高端要素集聚，为全球专业服务机构提供广阔发展空间。其中包括：①打造专业服务集聚区，汇聚全球专业服务主体。大力推进“全球服务商计划”、吸引专业服务组织、行业协会落户上海、提升政策优惠力度促企业集聚。②吸引全球专业服务人才，汇聚全球智力。加强专业化国际人才引进、优化专业服务人才发展环境、提高对行业领军人才的引进与支持力度。③加速长三角一体化，构建上海专业服务业发展的广阔市场腹地。构建长三角对外投资合作一体化服务体系、破除专业服务企业跨区域经营的市场壁垒、发挥全球专业服务机构在推进长三角一体化中的促进作用。

五是构建全球专业服务网络，打造示范引领性品牌。其中包括：①以“走出去”实现“引进来”。支持专业服务企业“走出去”、开展境外服务合作伙伴网络工程计划、加强与国际组织团体合作。②搭建专业服务工商合作机制化平台。实施一批国际化综合服务平台项目、推进“一带一路”服务平台建设、推进国内专业服务平台建设。③全面打造专业服务示范引领性项目品牌。引进国际知名品牌形成带动效应，推动形成内外品牌互嵌融合发展格局，共建专业服务“上海标准”，提升品牌知名度。

# 目　录

**第一章　绪论** …………………………………………………… 1

一、主要内容框架 ……………………………………………… 3

二、主要研究方法和手段 ……………………………………… 7

三、本书的特色 ………………………………………………… 9

**第二章　全球专业服务机构的内涵、功能与发展趋势** ……… 11

一、全球专业服务机构的内涵 ………………………………… 12

二、全球专业服务机构的功能作用 …………………………… 16

三、全球专业服务机构的发展新趋势 ………………………… 19

**第三章　上海专业服务业发展与吸引全球专业服务机构现状** …… 23

一、上海专业服务发展现状 …………………………………… 24

二、上海集聚全球专业服务机构现状及城际比较 …………… 31

三、上海在全球专业服务网络中的能级与位置分析 ………… 43

**第四章　上海吸引全球专业服务机构的政策短板与瓶颈** ………… 57

一、上海集聚全球专业服务机构存在的问题 ………………… 58

二、上海吸引全球专业服务机构的政策瓶颈 ………………… 63

**第五章　国内外城市吸引全球专业服务机构的经验借鉴** …………… 75

一、北京 ……………………………………………… 76

二、香港 ……………………………………………… 79

三、新加坡 …………………………………………… 83

四、迪拜 ……………………………………………… 86

五、对上海吸引全球专业服务机构的经验启示 ………… 89

**第六章　打造全球专业服务创新与开放前沿的主要思路与关键着力点** …………………………………………… 93

一、变革监管，健全与高水平服务业发展相适应的组织机制 ………………………………………… 94

二、深化开放，完善与全球服务贸易与投资便利化相符合的制度体系 …………………………………… 96

三、要素协同，凝聚与高水平服务业发展需求相适应的要素配置合力 …………………………………… 99

四、创新供给，构建与高水平服务业及企业主体发展相适应的政策环境 ……………………………… 102

五、完善配套，构建与高水平服务业发展特点相适应的保障措施 ……………………………………… 104

**第七章　加快上海吸引全球专业服务机构，推进专业服务高质量发展的具体举措** ………………………………… 107

一、降低市场准入与经营限制，扩大专业服务业重点领域开放合作 ………………………………… 108

二、推动职业资质互认，为专业服务人才来沪工作
　　提供通道与便利 …………………………………… 111
三、补足配套机制短板，优化全球专业服务机构营商
　　环境 ………………………………………………… 113
四、强化高端要素集聚，为全球专业服务机构提供
　　广阔发展空间 ……………………………………… 118
五、构建全球专业服务网络，打造示范引领性品牌 …… 122

**参考文献** ……………………………………………………… 126

上海吸引全球专业服务
机构与专业服务业
高质量发展
Chapter 1

# 第一章 绪　论

上海要打造“配置全球资源的控制中心”的“全球城市”，离不开专业服务业的高质量发展与全球专业服务机构的积极参与。但近年来，随着疫情暴发、地缘政治冲突的加剧以及全球产业脱钩断链风险的不断上升，跨国公司巨头与全球专业服务业机构回迁或者调整全球业务布局的动向日趋明显。因此，如何集聚更多全球专业服务机构、培育本土全球服务商，已经成为像上海这样的国际化大都市在新一轮全球竞争中制胜的战略新赛道。

2021 年，上海市政府工作报告提出，“十四五”时期要重点发展“五型经济”，并明确指出“发展服务型经济，关键是品牌，加快推动生产性服务业向专业化和价值链高端延伸；发展总部型经济，关键是头部企业，加快落实总部增能计划”。但随着知识与创新在全球经济中的作用日益突出、产业分工不断细化以及服务贸易的全球化，要推动服务业向专业化与高端化延伸发展，提升上海服务品牌质量，离不开专业服务机构的集聚，尤其是全球性的头部企业的支撑作用。因此，如何调整与优化相关政策、吸引全球专业服务机构集聚、提升上海的专业服务能力，对于做优做强“五型经济”中的“服务型经济”与“总部型经济”、提升上海配置全球资源能力，均具有重要的现实意义。

为此，本书将在理论辨析全球专业服务机构的内涵、类型及其功能的基础上，利用专业服务机构在全球各城市的分支机构数据，构建以“城市”为节点的“全球专业服务机构网络”，测度上海吸引全球专业服务机构的水平并对上海与全球主要城市的专业服务机构的营商环境进行比较，识别上海的位置与差距，系统梳理与评估上海吸引全球专业服务机构的现有相关政策及其效果，探寻关键制度与政策瓶颈，总结与借鉴上海已有经验以及全球顶尖专业服务中心城市的成功做法，最后提出相应的优化上海专业服务机构营商环境的政策调整思路与方案。

本书具有重要的实践价值与理论价值。其实践价值体现在：第一，能够准确测度上海吸引全球专业服务机构的水平，识别上海的专业服务能力在全球范围内的功能与地位，定量评估近年来上海在服务业转型与总部经济发展中的进展与成就；第二，能够找准上海当前与全球顶尖专业服务中心城市之间的差距与自身的短板，寻求关键制度与政策瓶颈突破，为“五型经济”建设指明发力方向；第三，有助于上海服务业进一步提质增效，提升上海服务业的辐射力、影响力与带动力，增强上海配置全球资源能力。其理论价值主要体现在：第一，构建以城市为节点的“全球专业服务机构网络”，并对城市的全球专业服务能力进行测度，将有助于加深对于全球城市网络的认识与理解，深刻洞察专业服务能力与城市能级之间的辩证关系；第二，系统梳理与评估上海吸引全球专业服务机构的现有相关政策及其效果，能够进一步深化对政策工具的作用效果及其传导路径的认识与把握。

## 一、主要内容框架

本书将遵循“发现问题→分析问题→解决问题”的研究思路，以辨析全球专业服务机构的内涵、类型、功能为前提，以构建全球专业服务机构网络、测度上海的全球专业服务能力、识别上海的位置与差距为基础，以梳理与评估上海吸引全球专业服务机构的相关政策及其效果为核心，以探寻主要政策短板与瓶颈为关键，以总结国内外成功经验为借鉴，以提出吸引全球专业服务机构的相应政策调整思路与优化方案为目标，展开具体的研究。

第一，全球专业服务机构的内涵、类型及其功能的理论辨析。本书将在仔细剖析“专业服务”“服务全球化”“生产性服务业”等关键概念及其联系的基础上，根据现有的“产业分工”“比较优势”“国际贸易”等相关理论，挖掘“全球专业服务机构”的内涵，划分“全球专业服务机构”的主要类型，辨析“全球专业服务机构”对于城市服务经济转型升级以及城市能级提升的功能与作用，从而为研究上海吸引全球专业服务机构奠定相应的理论基础。

第二，以“城市”为节点的“全球专业服务机构网络”构建。本书将借鉴GaWC的全球城市连通性网络的构造方法，以全球主要专业服务商在全球主要城市的机构分布数据为基础，构建以“城市”为节点的“全球专业服务机构网络”，从而为上海的全球专业服务能力测度奠定基础。其具体建模步骤如下：①将根据全球专业服务机构类型划分结果，选择每一种类型当中的代表性的“全球专业服务商”进入研究样本；②检索各服务商在全球范围内的总部与各级分支机构，并借鉴Taylor（2015）的方法，按照机构的层级高低分别赋予不同的分值；③将同一服务商的存在上下层级管理关系的两个机构之间的联系定义为两机构之间的“联系度”，“联系度”的大小等于两机构的层级赋分乘积；④将各层级机构对应到相应的城市，并按照“城市对”对“联系度”进行加总，得到两两城市之间的联系网络，加总后的“联系度”即为网络连边的权重，从而构建了以“服务商不同层级机构之间联系”为边、以“城市”为节点的全球专业服务机构网络。最后，由于构造的网络没有区分具体的行业，因此可以利用相同的方法，基于不同行业的服务商，为不同行业（如金融、法律、咨询等）单独构建网络。

第三，上海对全球专业服务机构吸引力的测度、位置识别与城际比较。本书将基于构建的“全球专业服务机构网络”，基于“节点中心度”指标，测度各城市的全球专业服务能力，并进行国内外城市比较，识别上海在其中的位置与能级。首先，基于城市之间的“联系度”，计算各节点的“节点强度”，节点强度越高说明城市的全球专业服务能力越强；其次，根据各子行业网络，分别计算各城市在各子行业当中的全球服务能力；最后，根据计算的结果，国内方面将上海与北京、香港、深圳进行比较，国际方面与纽约、伦敦、东京、新加坡、旧金山、巴黎、洛杉矶、西雅图、迪拜等进行对比，明确上海在全球专业服务当中的位置以及与全球顶尖专业服务中心城市之间的差距。

第四，上海吸引全球专业服务机构的相关政策梳理及其效果评估。首先，本书将在现状与差距分析的基础上，利用政策文本分析方法，对上海近些年颁布的吸引全球专业服务机构的相关政策进行全面解析与编码，测度政策工具的类型、强度以及与政策目标的关联性，通过词频分析、情感分析、语境分析，挖掘政策的内涵，构建政策指标体系；其次，基于事件研究法，利用政策实施前后的数据，对各项政策实施的效果进行评估，并基于文本分析构建的指标，探索各项政策因素对政策实施效果的影响。

第五，上海吸引全球专业服务机构的关键政策短板与瓶颈分析。本书将在现状分析与政策效果评估的基础上，综合利用逻辑演绎、调研访谈与专家评分方法，深入挖掘上海吸引全球专业服务机构关键政策存在的问题与短板。首先，基于政策效果的评估与影响因素分析，使用逻辑演绎法归纳总结出上海吸引全球专业服务机构相关政策存在的可能短板，得到政策短板的可能备选集合；其次，选择一些代表性的外资专业服务机构进行走访调研，通过高管访谈与重要性打分，了解企业在落户上海的过程中存在的顾虑、遇到的痛点以及目前存在的主要困难，对备选集合中的政策短板进行验证、补充与重要性打分；再次，对各企业的评分矩阵进行综合，梳理出最终的关键政策短板集合及其重要性排序；最后，在企业调研验证的基础上，深度访谈部分专家学者与一线政府官员，基于专家分析法，深度挖掘这些政策短板背后隐藏的瓶颈与深层次原因。

第六，全球顶尖专业服务中心城市的经验借鉴与上海的经验总结。首先，从产业政策、知识产权保护、营商环境、税收激励、人才吸引配套提供等方面，全面系统总结纽约、伦敦、香港、东京、新加坡等全球顶尖专业服务中心城市的成功经验，并与上海的实际相结合，形成可以复制的经验；其次，总结上海在40多年改革开放过程中吸引外资，尤其是吸引跨国公司区域总部与研发中心方面的经验教训。

第七，优化上海专业服务机构营商环境、提升上海吸引全球专业服务机构的政策调整思路与优化方案。在明确了上海吸引全球专业服务机构的现状与差距、相关政策的效果与短板，以及全面总结国内外顶尖专业服务中心城市的成功经验的基础上，将针对上海现有相关政策的短板与关键瓶颈，结合国内外城市的成功做法与上海的实际，拟从产业政策、知识产权保护、职业资格互认、税收激励、人才吸引配套提供等多个方面出发，提出优化上海专业服务机构营商环境、提升上海吸引全球专业服务机构的政策调整思路与优化方案。

对于研究内容，可利用图1－1进行简要概括。

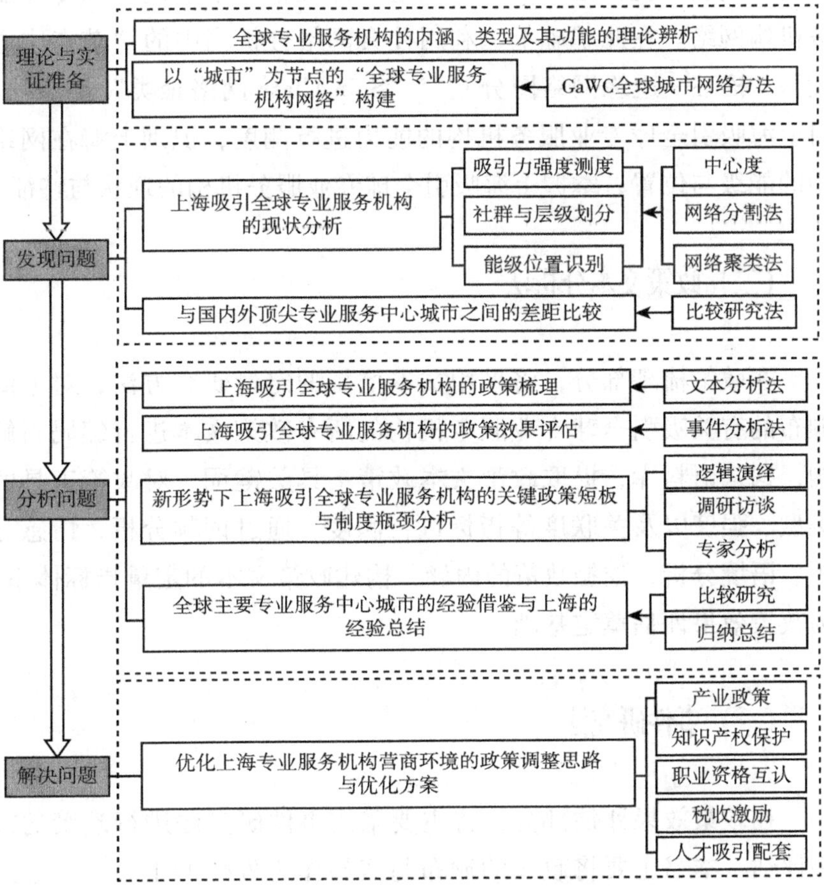


**图1-1 本书的研究框架结构**

## 二、主要研究方法和手段

### （一）社会网络分析法

本书借鉴 GaWC 构建全球城市连通网络的方法，构建以“服务商不同层级机构之间联系”为边、以城市为节点的全球专业服务机构网络。在此基础上，利用社会网络分析当中的“节点中心度”“核心—边缘网络图分割”“Spin Glass 网络聚类”等方法，对上海吸引全球专业服务机构的能力进行测度，识别上海在网络中的能级与位置，掌握上海吸引全球专业服务机构的现状与特征。

### （二）政策文本分析法

在政策梳理部分，将采用文本挖掘的定量研究方法，对上海颁布的有关吸引全球专业服务机构的所有政策文本进行编码与解构，构建语料库，提取政策文本政策工具关键词，对政策工具的类型、强度以及关联度等指标进行测度，通过词频分析、情感分析、语境分析，挖掘政策的内涵、构建政策文本的定量指标体系，为政策效果评估奠定基础。

### （三）事件研究法

在政策效果评估部分，将主要采用事件研究法进行政策的效果评估。本书主要将政策的颁布与实施作为外生冲击事件，通过设置一定的时间窗口，考察政策实施的时间窗内政策引起的变化。通过设置不同长度的时间窗口，可以考察政策的短期影响与长期影响，实现全面考察政策效果的目的。

### （四）调研访谈与专家分析法

在关键政策短板与瓶颈分析部分，本书将在逻辑演绎寻找出可能的政策短板备选项后，进一步采用企业调研访谈法，对这些备选项进行验证、补充与重要性排序，从而实现理论分析与事实调查的交叉验证，提高关键政策短板识别的准确性；同时通过专家访谈，挖掘政策短板背后存在的政策瓶颈与隐藏的深层次原因，提高政策瓶颈分析的可靠性。

### （五）比较研究法

比较研究法也是本书拟采用的主要研究方法。在“差距比较”部分，将基于网络指标对上海与全球顶尖城市之间进行比较，识别上海的短板与不足；在“国内外经验借鉴”部分，将深入比较国内外主要城市所采取的相关政策措施与做法，提取可以供上海借鉴与吸收的有价值部分。

## 三、本书的特色

第一，研究视角的特色。本书从“城市网络”与“政策文本”双重视角，对上海吸引全球专业服务机构进行研究，具有两重新意：首先，根据萨斯基娅·萨森（Saskia Sassen）的全球城市理论以及彼得·泰勒（Peter Taylor）的“全球城市网络”概念，城市在网络中的影响力并不取决于其拥有的资源多寡，而取决于其与外部联系的强弱。因此，从“城市网络”视角出发，不仅能够对抽象的“吸引全球专业服务机构能力”进行准确测度，便于“城际比较”，而且是研究如何提升发挥上海全球城市功能，提升上海服务业的辐射力、影响力与带动力的必然要求，这些都是基于一般的属性数据研究所无法实现的。其次，“政策文本”是政策的载体，通过对政策文本进行编码与解析，打开政策的“黑箱”，从而深入分析政策背后所使用的具体“政策工具”的背景、强度、类型、偏好等深层次的内容，这是以往单纯将政策看作“外部冲击事件”的常规视角所无法实现的。

第二，研究方法应用的特色。在研究方法上，本书主要综合采用“网络分析法”与“文本分析法”。首先，利用“网络分析法”研究上海吸引全球专业服务机构的能力、行业差异、所处的位置以及与顶级城市间的差距，准确把握问题的现状；其次，利用“政策文本分析”定量地对现有政策进行系统梳理与绩效评估。此外，在政策的关键短板与瓶颈分析部分，为了提高分析结果的可靠性，本书拟综合利用逻辑演绎、深度调研访谈与专家分析法，实现交叉验证，识别出真正的政策短板与背后的政策瓶颈。

上海吸引全球专业服务
机构与专业服务业
高质量发展
Chapter 2

# 第二章 全球专业服务机构的内涵、功能与发展趋势

本章首先对“全球专业服务机构”“专业服务业”等几个紧密相关的关键概念进行界定与理论辨析，明晰待研究对象的具体范畴与内涵；其次，在此基础上对专业服务业或者专业服务机构的具体类型进行划分，从而为实证研究部分的企业样本选择奠定基础；最后，总结概括专业服务业与全球专业服务机构的特征与功能，着重分析专业服务业国际化的趋势特征，明晰“专业服务业”和“全球专业服务机构”与城市服务经济转型升级以及全球城市提升之间的关系，从而为研究上海吸引全球专业服务机构奠定相应的理论基础。

## 一、全球专业服务机构的内涵

### （一）相关主要概念辨析

在对“全球专业服务机构”进行研究之前，需要对与之紧密相关的“专业服务业”这一重要概念进行明确与界定，而与“专业服务业”相近的又有“现代服务业”“先进生产者服务业”“知识密集型服务业”等常见概念与提法。只有将这些相近但又有所不同的概念进行仔细辨析，明确相互之间的联系与区别及其范畴，才能为后面的进一步深入研究奠定前提与基础。

#### 1. 现代服务业

相对于“专业服务业”，“现代服务业”这一概念更为常见，经常被新闻报道或政府文件所使用。工业革命之后，随着科学技术的发展，尤其是在信息技术推动下，用现代化的新技术、新业态和新服务方式改造传统服务业，创造需求，引导消费，向社会提供高附加值、高层次、知识型的生产服务和生活服务不断涌现，由此形成了相对于“传统服务业”的具有现代化特征的“现代服务业”。现代服务业的发展本质上来自社会进步、经济发展、社会分工的专业化等需求，具有智力要素密集度高、产出附加值高、资源消耗少、环境污染少等特点，既包括新兴服务业，也包括对传统服务业的技术改造和升级。因此，相对于传统服务业，体现出一定的高端性，也被称为高端服务业。

根据2012年2月22日科技部发布的第70号文件《现代服务业科技发展“十二五”专项规划》的定义，现代服务业是以现代科学技术特别是信息网络技术为主要支撑，建立在新的商业模式、服务方式和管理方法基础上的服务产业。由此可见，“现代服务业”这个概念是与“传统服务业”相对的，强调的是服务业的“现代性”特征与“现代化改造”。根据世界贸易组织的服务业分类标准，现代服务业可划分为九大类，即商业服务，电信服务，建筑及有关工程服务，教育服务，环境服务，金融服务，健康与社会服务，与旅游有关的服务，娱乐、文化与体育服务。我国“现代服务业”的提法最早出现在1997年党的十五大报告上。

**2. 生产性服务业**

现代服务业，若按照服务对象的类型进行划分，可以划分为两大类，即“生活性服务业”与“生产性服务业”。所谓生产性服务业（producer services），主要是指为保持工业生产过程的连续性、促进工业技术进步、产业升级和提高生产效率提供保障服务的服务行业，即服务对象主要是企业而非直接获得效用的个人。它是与制造业直接相关的配套服务业，是从制造业内部生产服务部门独立发展起来的新兴产业，本身并不向消费者提供直接的、独立的服务效用。生产性服务业依附于制造业企业或者其他企业而存在，贯穿于企业生产的上游、中游和下游诸环节中，以人力资本和知识资本作为主要投入品，把日益专业化的人力资本和知识资本引进制造业，是第二、第三产业加速融合的关键环节。生产性服务业主要包括研发设计与其他技术服务，货物运输、仓储和邮政快递服务，信息服务，金融服务，节能与环保服务，生产性租赁服务，商务服务，人力资源管理与培训服务，批发经纪代理服务，生产性支持服务这几类服务行业。

### 3. 专业服务业

第二次世界大战结束后，全球经济与技术迎来了高速发展期，产业分工不断细化，知识与技术在经济发展中的作用不断凸显，在此背景下从生产性服务业当中分离出了一种完全依靠提供专门知识与专业服务的行业，也就是“专业服务业”。所谓专业服务（professional services），一般是指某个组织或个人，应用某些方面的专业知识和专门知识，按照客户的需要，为客户在某一领域内提供特殊服务，其知识含量和科技含量都很高，由此形成的行业统称为“专业服务业”。专业服务业具有高知识性、轻资产性、高互动性以及多样化非标准性。提供相应专业服务的组织与企业，则称为“专业服务机构”。“专业服务业”与一般服务业最根本的区别，就是依靠专业知识提供服务，体现的是服务的高技术含量与知识含量，因此这一行业也被称为“知识密集型服务业”。

### 4. 全球专业服务机构

本书中的“全球专业服务机构”主要包括两层含义：第一，指在全球具有一定影响力的专业服务机构；第二，指全球范围内的专业服务机构。结合当前上海提升城市能级与配置全球资源能力的战略需要，尤其是“五型经济”中服务型经济与总部型经济发展的现实需求，本书中的“全球专业服务机构”主要是指全球范围内的具有一定全球影响力的专业服务机构。“吸引全球专业服务机构”，就是在全球范围内吸引具有全球影响力的提供专业服务的跨国公司（如“四大”会计师事务所）落户上海，或者提升在上海的机构能级，从而推动上海“五型经济”发展，为“五个中心”建设提供支持。

## （二）专业服务业的主要类型

虽然从严格意义上讲，专业服务业可以包括生产性专业服务业与消费性专业服务业，但从专业服务业产生的背景来看，其主要产生于生产性服务业，因此专业服务业是生产性服务业的重要组成部分，主要是指“生产性服务业”中的知识密集型部分。

根据世界贸易组织的分类，专业服务归纳在职业服务的范畴内，具体包括以下子行业：法律服务，会计、审计和簿记服务，税收服务，建筑服务，工程服务，集中工程服务，城市规划和风景建筑服务，医疗和牙医服务，兽医服务，助产士、护士、理疗家和护理员提供的服务，其他。但是，这一专业服务业的范围设定与类型划分可能并不适合中国国情，也不适用于上海实际经济发展的需要，与上海“五个中心”建设的总体目标并不相符。

为此，根据本书研究的具体需要，结合前面的世界贸易组织的分类标准，将本书中的专业服务业具体划分为：法律服务，会计、审计和簿记服务，人才猎头服务，广告设计和媒体代理服务，税收服务，咨询服务，管理服务，与计算机相关的服务，生产技术服务，工程服务，风景建筑服务，城市规划服务，旅游机构服务，公共关系服务，市场调查服务，其他。通过上述范围设定与类型划分，将为后面实证研究当中的行业选择奠定基础。

## 二、全球专业服务机构的功能作用

### （一）专业服务机构的国际化与全球化

进入21世纪以来，服务业全球化方兴未艾。在服务业整体呈现国际化与全球化的大趋势下，作为一种知识密集型服务行业的专业服务业，近些年在国际市场上越来越活跃。伴随着全球跨国公司跨国投资迅猛发展的大趋势，从事专业服务业这一行业的国际专业服务公司也开始了跨国投资经营。这些使这一行业由不可贸易、当地化极强转向跨国界扩张。

根据联合国贸易和发展会议（United Nations Conference on Trade and Development，UNCTAD）2014年的报告，专业服务业的主要影响在于它对于知识产生的贡献并将其传播到其他生产活动和社会实践中，它有利于构建高效的商业和投资基础设施。自20世纪80年代开始，专业服务跨国公司开始在国际上大规模扩张。随着经济全球化趋势的加强，发展中地区市场对专业服务业的需求快速增加，发达地区凭借雄厚的资金实力和长期的专业服务经验，在发展中地区大量开展国际直接投资，开始专业服务的国际扩张。

以国际会计专业服务为例，我们从图2-1可以看出，以“四大”会计师事务所为代表的国际会计专业服务公司的国际扩张的强劲增长势头，短短十年内全球营业收入几乎翻了一番。各大会计公司在扩张的过程中不仅通过在全球扩张其办事机构数量和合作者数量来增强其实力，还通过公司合并等方式增强其公司竞争力，这一点由曾经的“八大”到如今的“四大”这一转变就可以看出。

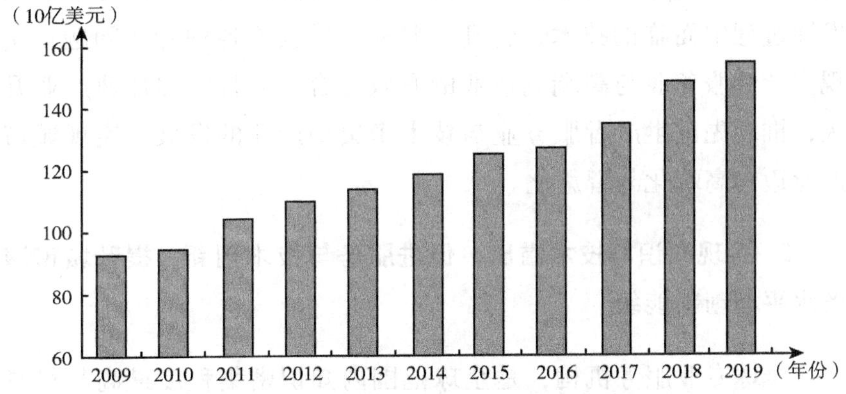


**图 2-1　2009～2019 年全球“四大”会计师事务所营业收入变化**

### （二）专业服务机构的全球城市能级提升功能

专业服务业，作为现代服务业的核心门类与生产者服务业中的重要内容，对城市经济的效率提升、产业升级以及营商环境的改善均具有重要的促进作用。全球专业服务机构，作为全球专业服务业中的塔尖企业，对城市经济发展与城市能级提升，尤其是像上海这样的全球性城市，更是无可或缺，至关重要。

#### 1. 智力支持城市经济发展，加速服务制造融合以及产业高端化转型

专业服务业最根本的特征就是基于专业知识与专业技术提供服务，体现的是专业性与知识性。作为全球专业服务业中的塔尖企业，全球专业服务机构大多拥有非常专业、聪明的人才队伍，在某一领域掌握了全球最前沿的专业知识，并具有在全球各地开展咨询活动的丰富经验，能够为当地的城市经济发展尤其是生产性服务业的发展，提供重要的智力支持。专业服务业最开始从服务业中单独分离出来的原因，就是随着知识经济的发展与行业分工的日益细化，越来越多的企业的进一步发展需要寻求外部的智

力支持。通过专业服务机构提供的智力支持，企业不仅能够解决发展过程中面临的技术、管理、财务、税收等各种专业问题，实现生产性服务业与高端制造业的有效融合，而且能够加速产业升级，推动先进生产者服务业与技术密集型产业的发展，实现城市产业迈向高端化与智慧化。

**2. 实现知识与技术溢出，促进服务与技术创新，提升城市服务水平与创新能级**

全球专业服务机构，是全球范围内知识密集程度最高与最具创新能力的企业。吸引全球专业服务机构，不仅能够为本地企业的生产活动提供智力支持，解决服务对象企业所遇到的生产经营问题，而且能够实现技术向外溢出，提升城市乃至区域的整体服务与创新水平。这里的技术溢出，不仅包括专业科学技术的溢出，也包括管理、服务等软性技术的溢出；不仅包括对服务对象企业的直接溢出，也包括对本土的企业专业服务企业的溢出。通过技术溢出，能够增强溢出对象的学习效应，提升本土企业的技术、管理与服务水平，推动技术创新，从而提升城市的创新能级与创新水平。

**3. 改善城市对外连通性，提升城市配置全球资源能力**

专业服务业，属于生产者服务业的重要组成部分，在全球生产与服务供给中处于价值的顶端与关键环节，对全球生产格局具有影响。作为全球专业服务业中的塔尖企业，全球专业服务机构在全球范围内分布了众多的分支机构，参与了全球众多地区与城市的生产与服务活动，深度嵌入了全球生产与价值网络当中。吸引全球专业服务机构在本地的集聚，不仅对内能够推动产业结构升级、促进创新，对外还能够提升城市嵌入全球价值链与全球生产网络的强度与紧密度，改善城市的整体对外连通性水平，提升城市在全球城市网络当中的影响力。此外，吸引与培育全球专业服务企业的高等级分支机构乃至全球总部，能够增强总部经济的集聚效应，进一步提升城市总部经济职能，最终提升配置全球资源能力。

## 三、全球专业服务机构的发展新趋势

### （一）专业服务业的发展特征

无论是哪种分法，纵观当今世界的专业服务业，均呈现以下几个方面的共性特征。

（1）知识密集性。专业服务业，主要是指由专门的组织或个人利用自己所掌握的某一领域的专业知识或者实践经验，为客户提供该领域的特殊服务的行业。由于该行业所提供的服务具有较高的知识与科技含量以及专业门槛，体现出知识密集性特征。

（2）互动性。由于专业服务的个性化特征与复杂性，在专业服务提供的过程中，需要供求双方面对面的接触与直接交流，体现出比一般性的服务业更强的高互动性。

（3）时空同一性。除极少数可以存储以及远程提供的数字化服务之外，大多数专业服务的生产与消费过程是同时同地进行的，需要服务提供者与消费者同时在场，表现出鲜明的时空同一性。

（4）人才依赖性。专业服务业的知识密集性特征，决定了专业服务业的发展具有很强的人才依赖性。人才，尤其是高素质的专业人才，成为专业服务业发展的核心竞争力。

（5）强委托—代理性。专业服务的提供过程，是服务提供方接受服务接受方的委托为其提供所需解决方案的过程，相互之间形成一种委托—代理关系。而且由于专业服务的专业性与非标准化特征，相互之间表现出很强的信息不对称性，因此必须通过委托—代理协议将这种委托—代理关系具体化并固定下来。从这一角度来看，专业服务是以契约为基础提供的服务，对法律的完善程度依赖较高。

## （二）专业服务业的发展趋势

随着社会分工的不断细化以及社会需求的逐渐多样化，专业服务业从产业中逐渐分离出来，成为第三产业中的一个特殊门类。纵观全球专业服务业的发展，主要可以分为以下两个阶段：第一阶段，是专业服务业初步发展阶段，主要是20世纪50年代到90年代中期，这一时期各种专业服务业的新业态不断涌现，各种技术手段也开始在其中得到广泛应用；第二阶段，是20世纪90年代至今，随着全球化的加速，专业服务业的发展进入了全球化阶段。在此期间，专业服务的国际贸易迅速增长，专业服务机构在海外不断扩张与布局新业务，国际贸易也逐渐由货物贸易不断向服务贸易转变。随着世界经济的服务化与服务的全球化，可以预测未来专业服务业的发展将呈现以下几个方面的发展趋势。

（1）智囊化：随着社会分工的不断细化，企业专门从事自己所擅长的领域，而将生产过程中所涉及的其他相关领域委托给其他企业或者个人，由对方提供专门性的解决方案，成果以“主意”的形式出现。在此过程中，服务提供方充当了企业生产的智囊角色。因此，专业服务业的发展日益呈现智囊化的特征。

（2）超脱化：随着社会分工的不断细化，组织的“谋”与

"断"逐渐分开，一部分"决策者"（如政府机构、企业）的决策过程需要接受外部专门的"咨询"服务，让自己从"谋"的过程中超脱出来，专门从事"断"的工作。接受世界银行、亚洲开发银行等国际援助组织委托的咨询机构，一般都要接受这些援助组织关于"超脱化"状况的详细调查。

（3）多元化：随着经济发展与社会分工的不断细化，专业服务企业所提供的服务内容由单一性向多样性不断发展，为客户提供"一站式""一揽子"的多元化系统性服务，业务边界逐渐模糊，企业跨领域混业经营成为未来的趋势。

（4）网络化：随着专业服务的全球化发展以及计算机技术的发展，专业服务机构加速在全球范围内布局分支机构，且机构之间的信息共享与业务联系越来越密切，呈现出网络化发展特征。网络化发展，有利于开展专业服务合作咨询，已成为广泛采用的一种专业服务合作咨询方式，也加速推进了专业服务机构在全球范围内的扩张，促进了服务业的全球化。

（5）数字化：随着包括数字技术在内的新一轮全球科技革命的发展，专业服务机构越来越依靠信息技术、人工智能等手段提供服务，如建立信息共享数据库、知识库，利用大数据、人工智能等技术辅助进行商务咨询与决策。

（6）规范化：专业服务的规范化，是指随着专业服务业的高级化发展以及专业服务机构在全球范围内的扩张，专业服务的人员素质、服务内容、服务流程与服务标准，都越来越采用国际通用的标准。规范化有助于专业服务机构与人员之间的合作，也有利于专业服务网络的扩张与服务质量的提升。

（7）固定化：由于专业服务的专业性、复杂性、个性化与私密性特征，频繁更换专业服务提供商既不现实，成本也较高，越来越多的专业服务机构与服务对象之间建立起长期固定的业务联系。

（8）国际化：服务全球化是经济全球化的必然产物，随着专业服务机构在国内市场中的发展受限后，会不断谋求布局海外服务网络，在国际市场上展开竞争。像“四大”会计师事务所，凭借自己的品牌优势与经营网络，在全球范围内均布局了大量分支机构。

上海吸引全球专业服务机构与专业服务业高质量发展
Chapter 3

# 第三章　上海专业服务业发展与吸引全球专业服务机构现状

近年来，上海市专业服务业发展迅速，集聚全球专业服务机构的能力日益增强。首先，本章将简要梳理上海专业服务业的不同发展阶段、总结上海市专业服务业主要行业的基本发展情况、提出上海市专业服务业发展存在的主要问题；其次，基于2020年GaWC名录中的100家全球顶尖专业服务业企业在全球的各层级分支机构数据，分析上海集聚各层级专业服务机构的现状以及与全球顶尖专业服务中心城市之间的差距；最后，利用以2015～2020年世界500强上榜企业中的专业服务业跨国公司在全球的机构布局数据为基础，构建以“城市”为节点的“全球专业服务机构网络”，研判上海在全球专业服务网络中的能级与位置。

## 一、上海专业服务发展现状

### （一）上海专业服务业的不同发展阶段

改革开放以来，伴随着上海服务业的迅速发展，为资源配置提供保障支撑作用的专业服务业务规模也逐步扩大。总体来看，上海专业服务业的发展历程大致可以分为四个不同时期。

#### 1. 20世纪80年代，恢复发展阶段

党的十一届三中全会后，随着改革开放的推进，市场机制作用逐步显现，为企业与社会提供服务的咨询部门、律师事务所、会计师事务所等专业服务机构逐步恢复与重建。但当时机构数量与规模均非常小，且最初的专业服务机构多为政府与高校出资，性质为全民所有制的事业单位，服务的对象也主要是政府与国有企事业单位。

**2. 20世纪90年代，全面发展阶段**

1992年邓小平“南方谈话”后，市场经济加快发展，上海各种专业服务机构也不断涌现。在这一时期，上海专业服务机构数量、规模都有了较大的提升，并出现了计量、质量认证机构，商标事务所，资产与资信评估等新的专业服务机构。非公经济的专业服务机构也开始出现。

**3. 2000～2009年，提升发展阶段**

2001年中国加入世界贸易组织（WTO）后，中国经济进入了新的发展阶段，上海服务业也迎来了新的黄金发展期。这一时期，上海根据城市发展自身需求，明确提出加速发展市场中介等专业服务业。通过大力促进会计、审计、法律、咨询、经纪等专业服务业，着力提升专业服务能级与规模。同时，鼓励专业服务企业走向全国，待时机成熟再走向国际。截至2009年末，上海律师事务所达到890家，执业律师10192人，贡献税收7亿元。上海会计师事务所达到245家，执业会计师4523人。

**4. 2010年以后，深化发展阶段**

进入2010年后，上海承担了国家一系列改革试点任务，开展了一些有关专业服务的开放创新实践。2013年9月，国务院批准《中国（上海）自由贸易试验区总体方案》，提出中国（上海）自由贸易试验区对商贸服务、专业服务领域扩大开放，暂停或取消在这些领域中对投资者的资质要求、股比限制、经营范围限制等准入措施。2014年，习近平总书记作出上海“要加快向具有全球影响力的科技创新中心进军”的重要指示后，上海加快推进科创中心建设，科技服务类专业服务业发展成效明显。2021年4月，国务院批准上海成为继北京之后的服务业扩大开放综合试点城市，上海专业服务业的全面开放迎来新的机遇（见表3－1）。

**表3－1 《中国（上海）自由贸易试验区总体方案》中有关专业服务业的开放措施**

| 子行业领域 | 开放举措 |
|---|---|
| 律师行业 | 探索中国律师事务所与外国和地区（包括港澳台地区）律师事务所业务合作的方式与机制 |
| 资信行业 | 允许设立外商投资资信调查公司 |
| 旅行社 | 允许在试验区内注册的符合条件的中外合资旅行社，从事除台湾地区以外的出境旅游业务 |
| 人才中介服务 | 允许设立中外合资人才中介机构，外方合资者可以拥有不超过70%的股权；允许港澳服务提供者独立设立独资人才中介机构；外资人才中介机构最低注册资本金由30万美元降至12.5万美元 |
| 投资管理 | 运行设立股份制外资投资性公司 |
| 工程设计 | 对试验区内为上海提供服务的外资工程设计（不包括工程勘察）企业，取消首次申请资质时对投资者的工程设计业绩要求 |
| 建筑服务 | 对试验区内的外商独资建筑企业承揽上海市的中外联合建设项目时，不受建设项目的中外方投资比例限制 |

## （二）上海专业服务业主要行业发展基本概况

### 1. 律师业

近年来，上海律师业发展较快。截至2019年底，上海共有律师事务所1660家，较2018年同比增长3.43%，共有执业律师26520人，同比增长10.62%。拥有普通合伙制律所1189家，同比增加43家，占比为71.63%；特殊普通合伙律所53家，同比增加22家，占比为3.19%；个人律所418家，同比减少10家，占比为25.18%。从律所分所情况来看，外省律师上海分所150家，同比增长9.49%；上海律所在外省设立分所285家，同比增长37.68%；

上海律所在境外设立分所23家，3年增长43.8%。上海律师业在快速发展的同时，也面临着执业环境改善难、社会各界对律师行业的认识与评价不高、队伍专业化程度不高、行业信息化水平低、律所规模化与品牌效应不足等问题。

### 2. 咨询业

近年来，上海咨询业继续保持平稳高速增长，结构不断优化。上海市咨询业主要包括工程咨询、管理咨询、技术咨询三个领域。在三大领域中，从营业收入来看，管理咨询占据半壁江山，技术咨询与工程咨询又约各占一半。2019年咨询业实现增加值1335.95亿元，同比增长27.65%，其中工程咨询292.76亿元、管理咨询增加值800.7亿元、技术咨询242.49亿元。行业整体营业收入3414.54亿元，同比增长27.4%。咨询行业从业人员占全市第三产业比重继续增长，达到3.67%，队伍越来越大。2019年末，上海市咨询业企业数1725家，其中工程咨询353家，管理咨询985家，技术咨询387家。按照经济类型分，私营企业712家，占比为41.28%；外商企业350家，占比为20.29%；港澳台投资平台258家，占比为14.96%。虽然行业整体保持高速增长，但在数字经济不断发展、产业逐渐成熟的背景下，咨询行业也面临着转型的问题。

### 3. 人力资源行业

人力资源服务业是国际朝阳产业，上海市从2003年开始，每年以20%的速度增长，2019年上海市人力资源服务业营收达到5028亿元，约占全国的1/4，居全国首位。上海人力资源行业规模不断壮大，目前拥有各类人力资源服务机构与劳务派遣机构5500家，从业人员超过4万人。行业国际化程度不断提升，目前国际排名前二十位的人力资源机构纷纷入驻上海，其中包括三家世界五百强人力资源机构——德科（Adecco）、万宝盛华（Manpower）以及任仕达（Randstad）。同时，国内大型人力资源服务机构也落户上海，部分企业实施“走出去”战略。

## （三）上海专业服务业的发展存在的问题

当前，上海专业服务业虽然发展较快，具备了一定的规模与能级，但与纽约、伦敦等专业服务中心城市相比，与上海配置全球资源的要求相比，上海专业服务业的发展仍然存在较大的不足。

### 1. 部分服务领域发展滞后

上海专业服务业在法律服务、信用评级、资产评估、投资咨询、技术服务等中介服务机构发展不足，数量较少，与纽约、伦敦乃至北京、深圳等国内城市相比均有差距。

（1）信用评级方面。2019 年 1 月 28 日，中国人民银行发布公告，对“标普”全资子公司——标普评级（中国）有限公司予以备案，同日中国银行间市场交易协会也公告接受该公司注册，许可其进入银行间债券市场开展信用评级业务。标志着中国信用评级市场正式对外开放，反映出上海征信服务体系的不完备，个人征信市场与信用评级机构仍处于起步阶段。

（2）资产评估方面。2016 年 7 月，《中华人民共和国资产评估法》正式颁布，确立了资产评估行业的法律地位，标志着评估行业发展进入正轨。根据中国资产评估协会公布的 2019 年资产评估机构的综合评价，综合得分前一百家的机构中上海仅有 8 家，较北京的 36 家存在较大差距。

（3）技术服务方面。以市场为导向的高水平转移转化机构缺乏。目前，上海拥有的科技创新成果转移转化服务组织，如技术转移服务中心，多由政府与高校建立，市场化的中介服务机构缺乏。此外，估值服务体系发育不健全，知识产权披露、保护与转让，以及无形资产管理等环节均存在较大的不足。

### 2. 产业发展能级不够

近年来，与其他全球城市相比，支持上海全球资源配置功能发挥作用的专业服务业产业规模与发展水平相对滞后。在全球金融中心发展指数（GFCI）第28期当中，上海金融中心建设总体排名已经位居第三。但从分行业来看，上海在保险、银行、科技金融等领域都表现优异，而在与之相互配套的专业服务业仅排名第六，与纽约、伦敦等先进城市存在较大差距（见表3－2）。

**表3－2　GFCI第28期行业分类指数排名前10位的金融中心**

| 排名 | 银行 | 资管 | 保险 | 金融科技 | 专业服务 |
|---|---|---|---|---|---|
| 1 | 纽约 | 纽约 | 上海 | 纽约 | 纽约 |
| 2 | 伦敦 | 伦敦 | 北京 | 新加坡 | 伦敦 |
| 3 | 上海 | 新加坡 | 纽约 | 上海 | 卢森堡 |
| 4 | 东京 | 香港 | 卢森堡 | 伦敦 | 香港 |
| 5 | 香港 | 上海 | 伦敦 | 香港 | 新加坡 |
| 6 | 北京 | 卢森堡 | 香港 | 旧金山 | 上海 |
| 7 | 深圳 | 北京 | 新加坡 | 北京 | 日内瓦 |
| 8 | 广州 | 斯图加特 | 深圳 | 深圳 | 旧金山 |
| 9 | 旧金山 | 深圳 | 苏黎世 | 东京 | 北京 |
| 10 | 新加坡 | 旧金山 | 东京 | 苏黎世 | 苏黎世 |

资料来源：英国智库Z/Yen集团，中国（深圳）综合开发研究院．第28期全球金融中心指数．2020年9月。

### 3. 服务网络水平偏低

整体而言，上海专业服务业企业以国内业务为主，国际服务网络仍较低，服务辐射面窄，为全球提供服务的能力不强，对上海增强全球影响力的支撑有限。例如，2017年上海700家国家检测机构仅有80家开展涉外业务；2017年上海有律师事务所1600多家，仅有23家在境外开设分所。其关键的制约在于：第一，国内企业特别是大型企业仍倾向于去国外购买服务，在一定程度上制约了服务业的国际化；第二，国内外专业服务标准不统一，制约了上海专业服务企业的业务拓展；第三，支持“走出去”的政策体系不完善，境外开展业务受限。

**4. 缺乏国际竞争力的市场主体**

当前，上海虽然已经培育出一批骨干企业与著名品牌，但仍然缺乏具有重要国际竞争力的龙头企业，上海本土的法务、咨询、技术转移等服务机构国际竞争经验不足，与国际同行相比，在资本实力、业务创新、营销手段、风险管控、公司治理等方面均处于劣势地位。

在专业服务业的一些主要领域，当前全球市场已经进入了寡头垄断阶段，许多业务在全球市场范围内都是几家大型专业服务业跨国公司之间的竞争。例如，会计服务业方面，“四大”会计师事务所已经垄断了一些国家与地区的中高端业务，国内企业面临激烈的竞争压力。从现有数据来看，上海专业服务业无论是在机构数量还是能级上与欧美主要专业服务中心城市相比，均存在较大差距，甚至与北京之间都存在一定距离。根据国际会计公告（IAB）发布的2019年全球会计师事务所排名可以发现，除“四大”会计师事务所外，信用中和国际（北京）、天健国际（杭州）、利安达国际（北京）等国内企业进入了国际会计网络排行榜，但无一家企业总部在上海。在律所方面，大多数国家法律职业的从业者多为个人律师和小型律师事务所，而大型律师事务所只是少数，并且大多由英美国家所垄断。2018年，全球收入规模最大的律所依次为凯易、瑞生、贝壳麦坚时、欧华、世达、大成、高伟绅、安理国际、年利达、盛德，这些均来自英美。

## 二、上海集聚全球专业服务机构现状及城际比较

尽管上海目前跨国公司总部高居内地榜首，在英国智库z/yen集团发布第29期全球金融中心指数排名中也力压香港，仅次于伦敦与纽约之后，但在专业服务业发展方面，尤其是在吸引全球专业服务机构上，上海与其他全球城市均存在较大差距。

GaWC（Globalization and World Cities Research Network）作为全球最重要与最权威的全球城市网络研究机构，定期会对外发布全球城市分级与排名。GaWC的全球城市网络研究主要以生产性服务业中全球最顶级的175家重要跨国公司为基础，构建以跨国公司分支机构为纽带形成的城市间的连锁网络，由此对城市的联系度与竞争力进行测度。这175家企业主要包括金融服务业75家，以及管理咨询行业、法律服务行业、会计行业以及广告四个行业各25家。

本小节将以其中的管理咨询、法律、会计以及广告四个行业中的100家企业为样本，在GaWC对外公布的2016年100家企业的全球分支机构数据基础上，对其进行手动更新，获得2020年100家企业分支机构的最新分布数据。在此数据基础上，本部分将对上海集聚全球专业服务机构的能力进行分析，并与其他全球城市进行比较。虽然上述100家企业数量不多，但都是各行业中的头部企业，也是上海发展总部经济、提升城市专业服务与全球资源配置能力过程中着重要吸引的目标企业，因此企业样本选择与本书的研究目标比较相符。

## （一）机构总量比较

### 1. 专业服务总行业比较

图 3－1 展示了 GaWC100 家专业服务企业的各层级机构在全球主要城市的分布情况，图中仅列出数量排名前 30 位的城市。从图 3－1 中可以发现以下几个方面的规律。

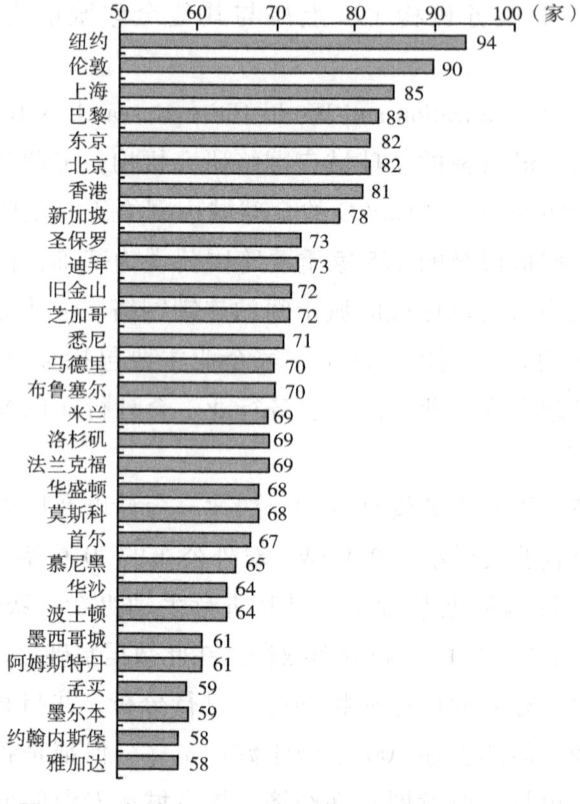


**图 3－1　各城市（仅列出数量排名前 30 位的城市）拥有的专业服务业机构数量**

第一，绝大多数专业服务跨国公司在纽约、伦敦均有机构布局，纽约、伦敦是全球最重要的专业服务中心城市。从图 3－1 中可以发现，纽约与伦敦拥有的机构数量均超过 90 家，而样本内企业总量为 100 家，也就是全球超过 90% 以上的顶级专业服务公司在伦敦与纽约都有机构布局。这一结果意味着，伦敦与纽约是全球专业服务业的集聚地，能够在伦敦与纽约设立机构，是专业服务业跨国公司真正进入全球前列的标志与象征。实际上，从现有数据来看，伦敦与纽约不仅是全球的顶级金融中心与最重要的全球城市，也是全球最重要的专业服务中心。

第二，各城市拥有的专业服务机构数量有一定差异，但差异不显著。从排名前 30 位城市拥有专业服务机构的整体数量分布来看，纽约拥有 94 家机构，排名第 30 位的墨西哥与华盛顿拥有 35 家机构，有一定差距，但差距不明显。这说明全球最重要的专业服务业跨国公司，倾向于在全球绝大多数重要的城市都进行业务布局，顶级专业服务业跨国公司的国际化与网络化程度较高。

第三，专业服务业跨国公司分支机构主要布局在欧美与亚洲的重要城市。从图 3－1 中城市地理分布来看，美国与西欧的城市占据绝对地位，亚洲城市也占有一席之地，主要是东京、新加坡、迪拜以及中国的香港、北京、上海。这些城市均是 GaWC 全球城市网络中的 Alpha＋级别的城市，由此可见专业服务机构的布局主要以具有全球影响力的城市为主，也体现了专业服务业的全球资源配置功能。

第四，上海拥有的专业服务机构数量在全球名列前茅，仅次于伦敦与纽约。对于我们着重关注的上海而言，上海拥有 85 家机构，即全球顶级专业服务公司当中已经有 80% 以上的企业在上海布局了业务，排全球第三位，仅次于伦敦、纽约，已经超过香港、新加坡、巴黎等传统的专业服务中心城市。这一结果意味着，包括上海在内的中国专业服务业广阔市场，已成为全球顶级专业服务业跨国公司的重要“角力场”。

## 2. 分行业比较

图 3 – 2 给出了会计、广告、管理咨询以及法律服务四个专业服务业子行业的机构数量在各城市的分布情况。四个子行业的机构数量分布与总行业的分布情况基本相同，但也显现出略微差异，从中可以发现如下规律。

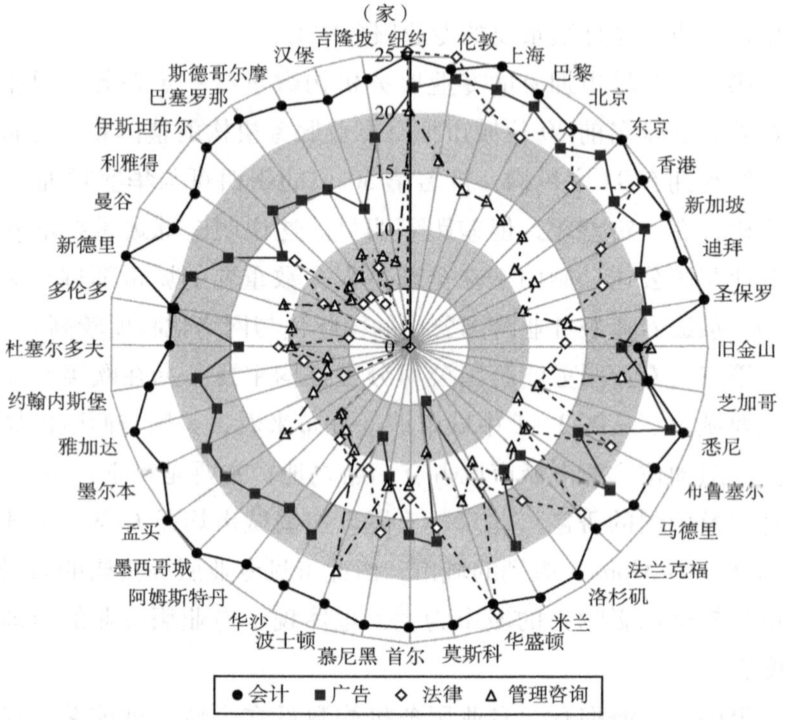


**图 3 – 2　不同城市的四个行业的机构总量比较**

第一，会计与广告行业的机构数量在各城市间的差异不大，但管理咨询与法律服务业存在较大差异，反映了不同行业跨国公司的不同扩张特征。观察图 3 – 2 中的会计与广告两个行业的机构在各城市的数量分布可以发现，会计与广告业两个领域的各自 25 家顶级跨国公司在机构总量排名前 40 位的城市中大多均布局了业务，意味这些行业的跨国公司的国际化与网络化布局已经进入较高发展阶段，同时也会带来全球范围内的激烈竞争。最典型的，如在会计行业，“四大”会计师事务所已经在全球100多个国家和地区都有业务布局，行业竞争已进入白热化阶段。相反，在管理咨询与法律行业，则差异较大，意味着一些公司在一些城市没有业务布局，即这两个行业的全球化进程相对缓慢。法律行业全球化进程相对较慢，主要是法律服务受政策进入限制，许多国家和地区尚未完全开放，再加上法律体系的差异，跨国公司对外开展业务存在一定难度。而在管理咨询行业，主要是由于管理咨询受到制度与企业文化背景的影响较大，而且行业进入门槛相对较低，本土小企业较多，跨国公司在外开展业务面临较大的本土企业竞争压力。

第二，相对于上海而言，遵循前面同样的规律，在会计与广告行业机构数量较多，在法律与管理咨询行业机构数量相对较少，但总体仍然居全球前列。

总之，上海在吸引专业服务机构总量上，已经达到国际领先水平，处于全球前列，包括上海在内的中国内地市场已成为跨国公司群雄逐鹿的主战场。

## （二）全球总部比较

### 1. 专业服务总行业比较

前面分析了专业服务业跨国公司所有层级的机构在主要全球城市的分布情况，接下来着重关注全球总部的分布情况。图3－3给出了专业服务业四个行业当中的100家跨国公司的全球总部在各个城市的分布情况，从中可以发现如下规律。

第一，纽约、伦敦占有绝对优势，是全球顶级专业服务中心

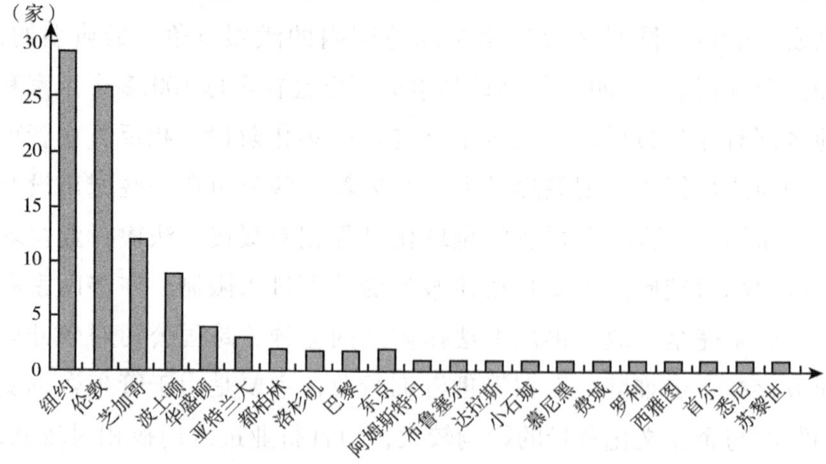


**图3－3　专业服务业跨国公司全球总部在各城市的分布数量**

城市。从数量上来看，纽约、伦敦拥有的全球总部数量占比超过50%，其他城市都在个位数量级。由此可见，纽约与伦敦不仅拥有的机构总数量具有优势，在全球总部上更是占据“半壁江山”，是当之无愧的全球专业服务业中心城市。

第二，美国在全球专业服务领域占据霸主地位。从排名前30位的城市构成来看，美国城市占据绝对优势，大约占有一半的比例，这与美国在全球专业服务领域的主导地位完全一致，美国是全球专业服务业对外投资的主要来源国。其背后的原因主要是，专业服务业属于现代服务业中的高端领域，对产业整体发展水平与规模以及知识与技术创新水平都提出了较高要求。

第三，全球顶级专业服务业机构全球分布极不均衡，主要来自美国与西欧城市。从图3－3中可以发现，图形整体呈现幂率分布特征，即顶级专业服务业全球跨国公司分布极不均衡，不仅仅在亚洲等其他区域较少，在欧洲等发达国家也较少，只有法国、日本、德国等部分城市拥有少量企业，主要由英美把持，体现出专业服务业领域的“寡头垄断”特征。

第四，上海与中国其他城市无一上榜。虽然上海与中国其他城市在机构总量名列前茅，但在全球总部数量为零，意味着上海乃至中国内地缺少具有国际影响力的专业服务业跨国公司。本土专业服务业跨国公司的缺乏，意味着上海在真正实现配置全球资源的能力上存在重要短板，专业服务业领域将由美英长期把持，上海离建设具有全球影响力的专业服务业中心城市任重而道远。

### 2. 分行业比较

前面进行了总行业分析，下面对不同行业之间进行比较。图3－4给出了会计、广告、法律与管理咨询四个子行业中跨国公司全球总部在不同城市的数量分布情况，从中可以发现如下规律。

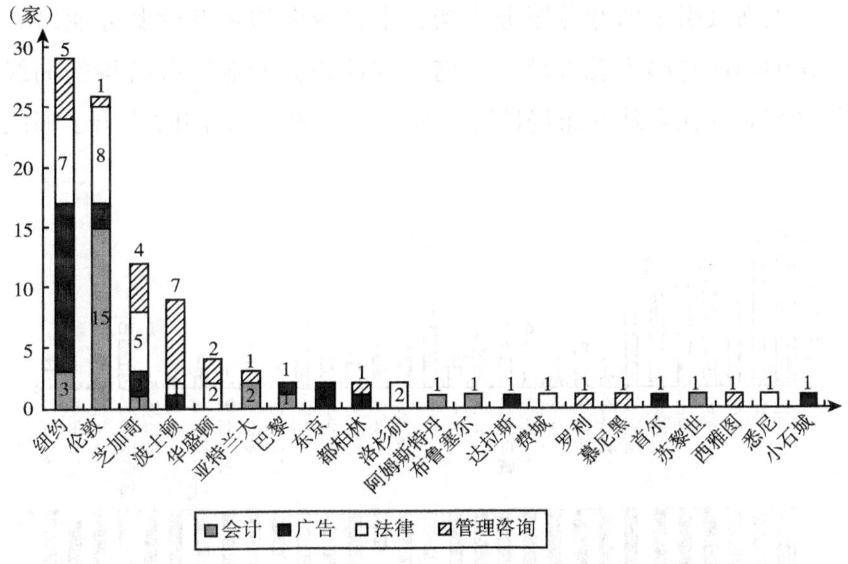


**图3－4　四个子行业中全球总部在各城市的分布数量**

第一，子行业分布情况，与总行业基本相同，同样存在严重不平衡性，但不平衡性在各个行业之间存在差距。会计与广告领域的集中度非常严重，伦敦与纽约占有绝对优势，集聚了绝大多数顶级企业，而法律与管理咨询领域分布相对较为平衡。这种差异主要是由行业竞争特性决定的，意味着会计与广告领域的寡头垄断非常严重，而法律与管理咨询行业的竞争相对较小。

第二，伦敦与纽约是全球法律服务中心，伦敦是全球会计服务中心，波士顿是全球咨询管理中心，纽约是全球广告中心。跨国公司总部数量，反映了城市的产业优势，为上海发展相应产业提供了学习样板。

## （三）洲级与国家级总部数量比较

### 1. 专业服务总行业比较

上海吸引全球专业服务机构，主要吸引的是专业服务业跨国公司的地区与国家总部落户上海，因此研究专业服务机构的洲级与国家总部在全球的布局情况尤为必要。图 3 –5 同时给出了洲级

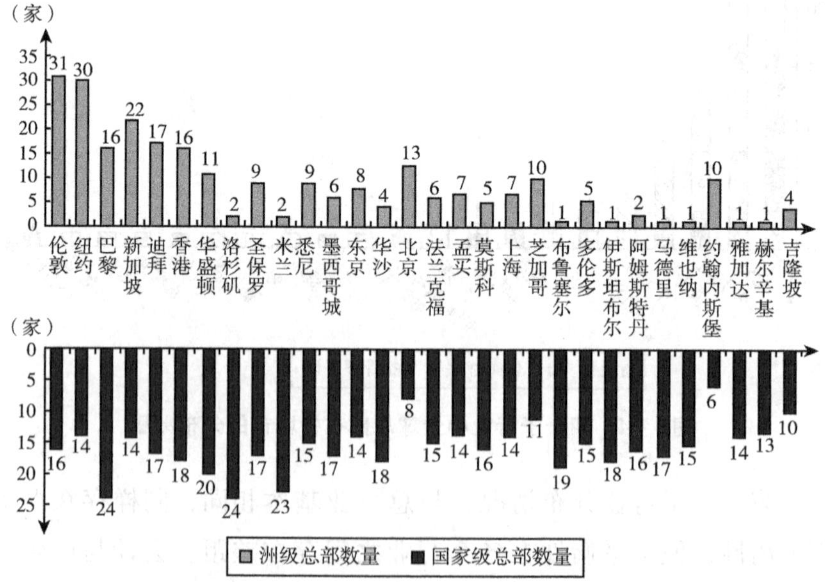


**图 3 –5　洲级总部数量与国家级总部数量在各城市的分布**

总部与国家级总部在各城市的分布图，观察该图从中可以发现如下规律。

第一，洲级总部在全球城市间的分布较不平衡，主要集中在纽约、伦敦、迪拜与香港。从图 3－5 中可以看出，洲级总部主要集中于能级非常高的城市，如伦敦、纽约、香港、新加坡等，其他城市拥有的数量非常少，也印证了香港与新加坡是亚太最重要的专业服务业中心城市，迪拜是中东最重要的专业服务业中心城市。

第二，国家级总部相对较为平衡，各城市拥有的机构数量也较多，主要分布的城市能级也相对较低。相对于洲级总部，国家总部的分布相对较多，比较多的公司在全球主要城市都布局有国家级总部，也意味着吸引总部经济主要是洲级总部之间的竞争。

第三，上海在洲级总部与国家级总部数量上存在较大短板。从图 3－5 中可以看出，上海洲级总部数量仅为个位数，只有伦敦、纽约的 1/3，香港、新加坡的 1/2，甚至比北京也低。高能级总部的缺乏，严重制约了上海通过专业服务业配置全球资源的能力。同样，在国家级总部上，上海排名 20 位之后，与巴黎、洛杉矶等存在较大差异。

### 2. 分行业比较

前面进行了专业服务业的整体行业分析，下面进行分行业比较。图 3－6 与图 3－7 分别给出了四个行业当中洲级总部与国家级总部在各城市的具体数量分布。对不同行业之间进行比较，可以发现如下规律。

第一，法律与广告行业的州级分支机构在全球的分布较为集中，主要集中在伦敦、纽约、香港与新加坡，而会计与管理咨询领域则相对较为平衡。

第二，上海在管理咨询与广告两个领域拥有相对较多的洲级总部与国家级总部，而在会计与法律领域总部数量较少，行业不平衡性严重。

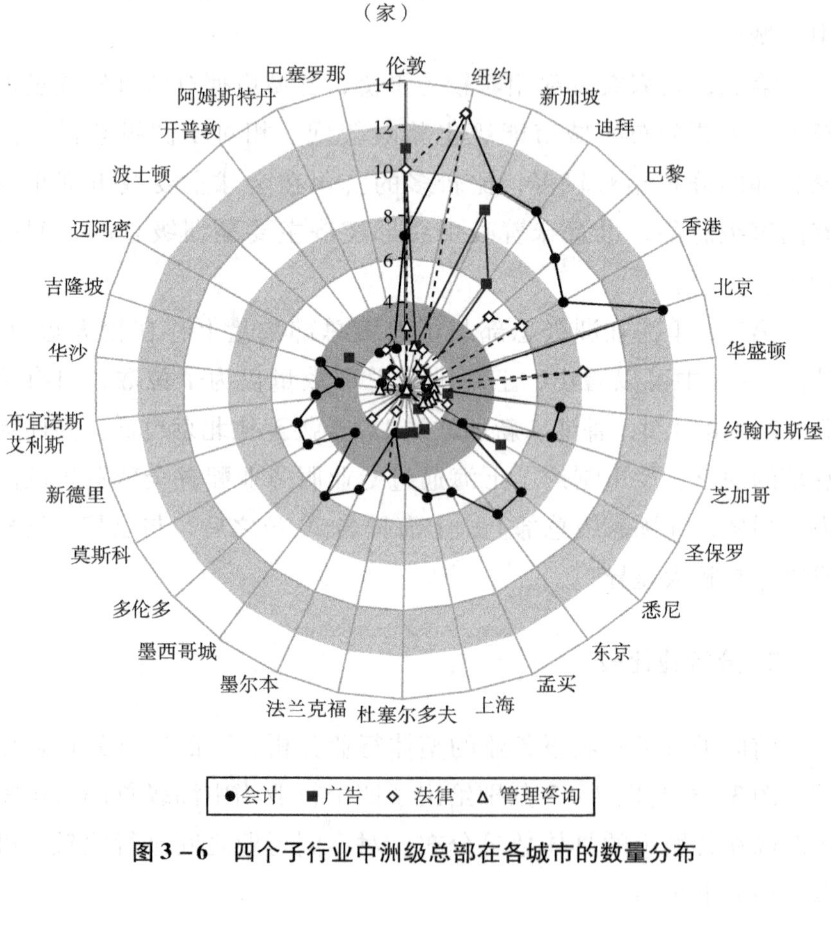


**图3-6　四个子行业中洲级总部在各城市的数量分布**

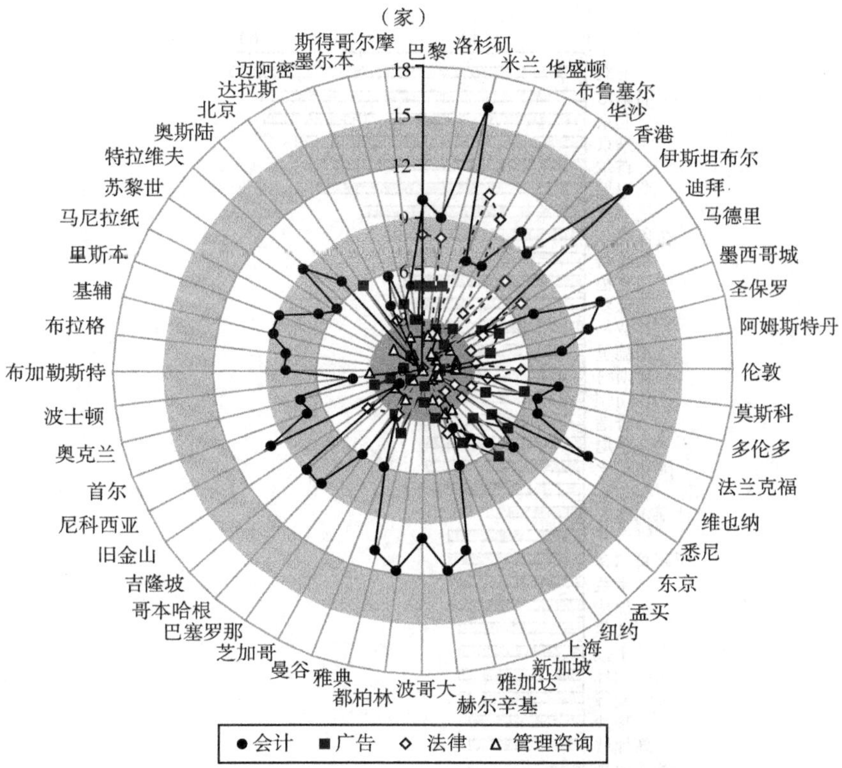


**图3－7　四个子行业中国家级总部在各城市的数量分布**

## （四）低等级机构比较

图3－8给出了仅设立代表处或者办公室的低层级机构在各城市的数量分布图，图3－9给出了相应的四个子行业中低层级机构在各城市的具体数量分布情况。观察两图，可以发现如下规律。

第一，上海与北京在低等级机构数量中名列前茅。这意味着专业服务业跨国公司，具有在上海开展专业服务的意愿，但由于专业服务业尚未完全开放或对于营商环境的担忧，并没有在上海设立高层级的机构。对于上海而言，既是机遇，也是挑战。所以

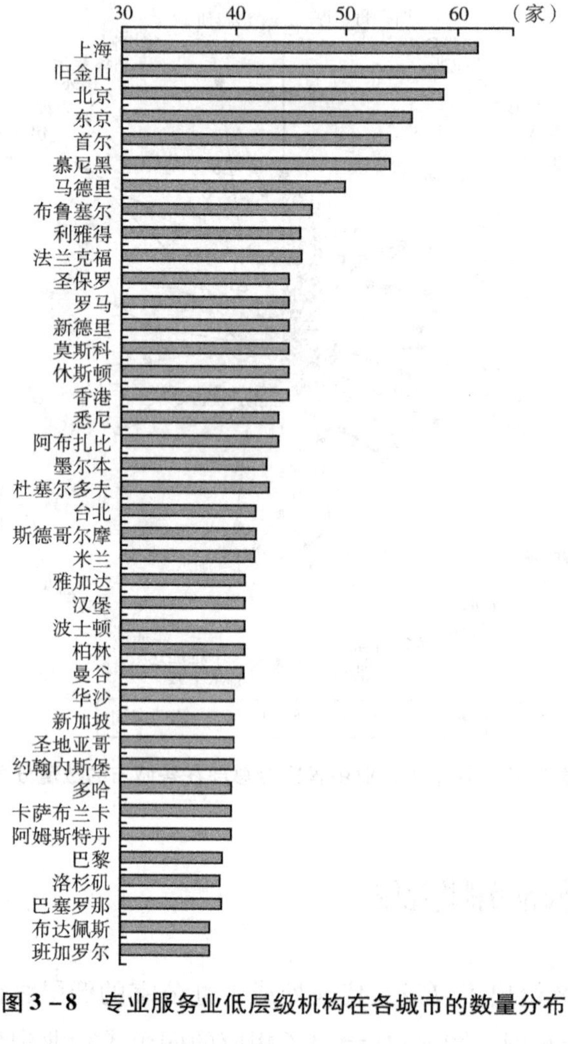


**图 3－8　专业服务业低层级机构在各城市的数量分布**

未来的重点，应该是如何让上海的专业服务业跨国公司提高能级。

第二，低等级机构数量在城市之间差异不大，吸引专业服务机构的竞争主要在于吸引高能级机构。从图 3－9 中可以发现，虽然上海在低等级机构数量上位列第一，但与其他城市相比没有太多优势，这主要是由于设立低等级机构的门槛相对较低，跨国公

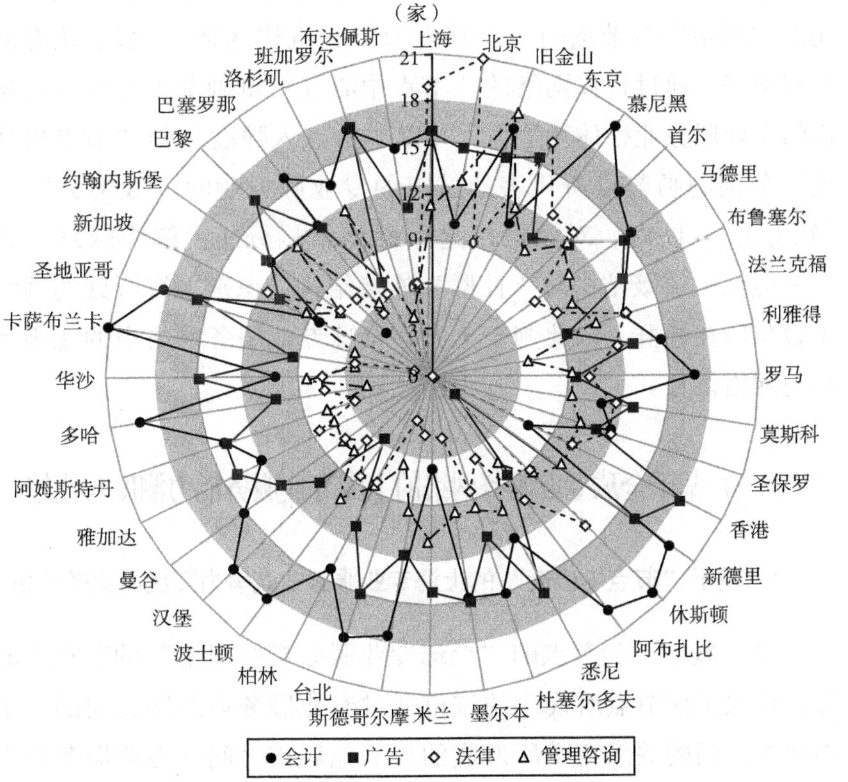


**图 3－9 四个子行业中低层级机构在各城市的数量分布**

司为了提前占领市场，一般总会布置一定数量的代表处或者机构。同时，也意味着各城市在吸引专业服务机构上的竞争主要在于吸引高能级总部。

## 三、上海在全球专业服务网络中的能级与位置分析

利用第一章第一部分所介绍的以“城市”为节点的“全球专业服务机构网络”的构建方法，以 2015～2020 年世界 500 强上榜

企业中的专业服务业跨国公司在全球的机构布局数据为基础，构建以“城市”为节点的“全球专业服务机构网络”。基于该有向加权网络，通过计算网络的“节点中心度”刻画节点所代表的城市的专业服务业整体竞争力，并以“节点入强度”与“节点出强度”分别刻画节点所代表的城市的专业服务业的“吸引力”与“辐射力”。同时，对该网络进行网络结构分析，解构网络“核心—边缘”层级结构与“社群”连接结构，识别上海所处的网络位置与所在社群，以此判定上海在全球专业服务网络中的能级大小与网络位置。

## （一）基于全球专业服务网络的上海专业服务能力测度与比较

### 1. 基于“节点中心度”的上海专业服务业竞争力测度与比较分析

以“城市”为节点的“全球专业服务机构网络”的节点中心度，反映了该节点所代表的城市通过专业服务业跨国公司的上下游机构之间的关系纽带所形成的与其他城市之间的专业服务联系程度。该指标越大，说明该城市通过专业服务业跨国公司所形成的与其他城市之间的联系越强，也意味着该城市在全球专业服务网络中的联系能级越强，说明该城市的专业服务业竞争力可能更强。图 3 – 10 为基于节点联系度测量的各城市的专业服务业竞争力的相对大小与排序。

从图 3 – 10 中可以发现如下几点规律：第一，纽约与伦敦在专业服务业竞争力上，遥遥领先于其他城市，这与前面的专业服务业跨国公司的高等级专业服务机构在纽约、伦敦高度集聚的数量分布特征相互一致；第二，上海居第 6 位，位居纽约、伦敦、香港、东京、巴黎之后，排名座次与上海的全球城市整体排名基本一致。上海能够居第 6 位，主要得益于上海的低层级分支机构

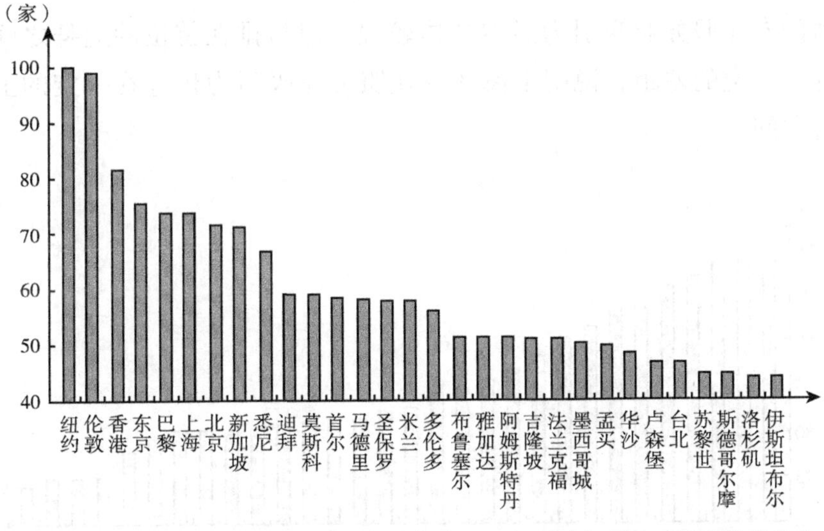


**图 3－10　基于节点联系度测量的各城市（TOP 30 城市）的专业服务业竞争力**

的数量全球较多。虽然排名相对靠前，但在竞争力水平上与纽约、伦敦、香港之间存在较大的差距，背后的原因主要是上海缺少专业服务业的高能级服务机构。

### 2. 基于“节点入强度”的上海专业服务业吸引力测度与分析

节点入强度，反映的是节点所对应城市吸引总部位于其他城市的专业服务业跨国公司到本城市布局分支机构的能力，刻画了该城市的专业服务业吸引力。

图 3－11 给出了基于节点入强度测量的各城市（TOP 30 城市）的专业服务业吸引力相对大小示意图。从图 3－11 中可以发现如下规律：第一，新兴全球城市的专业服务业吸引力整体较高，迪拜、新加坡、孟买等城市位居前列，新兴全球城市，作为跨国公司对外机构布局的主要目的地，对跨国公司分支机构的吸引力整体上要强于老牌传统全球城市；第二，上海紧随迪拜、新加坡、孟买、圣保罗、芝加哥、北京之后，居第七位。这一排名与上海

专业服务业的整体竞争力排名较为一致，且从相对大小来看，上海的专业服务业吸引力虽然整体较强，但与排在首位的迪拜之间存在一定的差距，说明上海的专业服务业吸引力仍存在一定的上升空间。

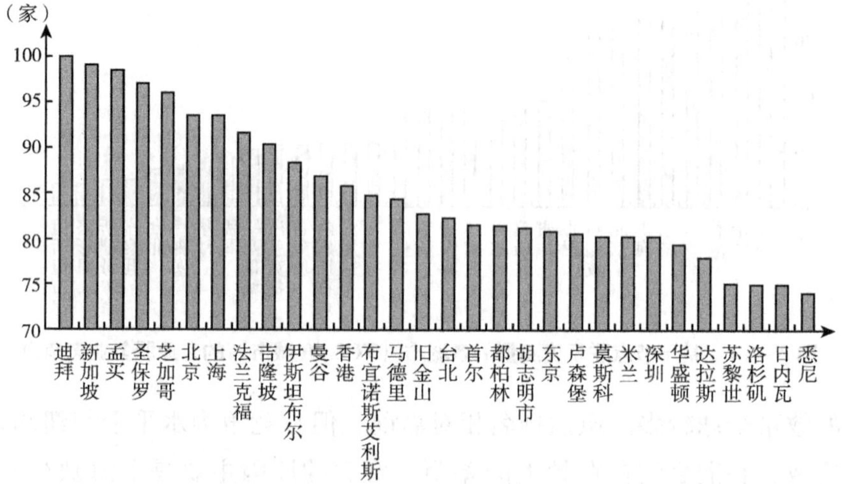


**图 3－11　基于节点入强度测量的各城市（TOP 30 城市）的专业服务业吸引力**

### 3. 基于“节点出强度”的上海专业服务业辐射力测度与分析

节点出强度，反映节点所对应城市通过位于该城市内跨国公司在全球其他城市布局次级机构，并因此与其他城市建立网络联系的能力，刻画了该城市的专业服务业辐射力。图 3－12 给出了基于节点出强度测量的各城市（TOP 30 城市）的专业服务业辐射力相对大小示意图。

从图 3－12 中可以发现如下几点规律：第一，纽约、伦敦的专业服务业辐射力远大于其他城市，这与前面的专业服务总部机构在全球各城市的分布特征基本一致，体现出了伦敦、纽约的专业服务业总部经济地位。第二，专业服务业辐射力较强的城市，

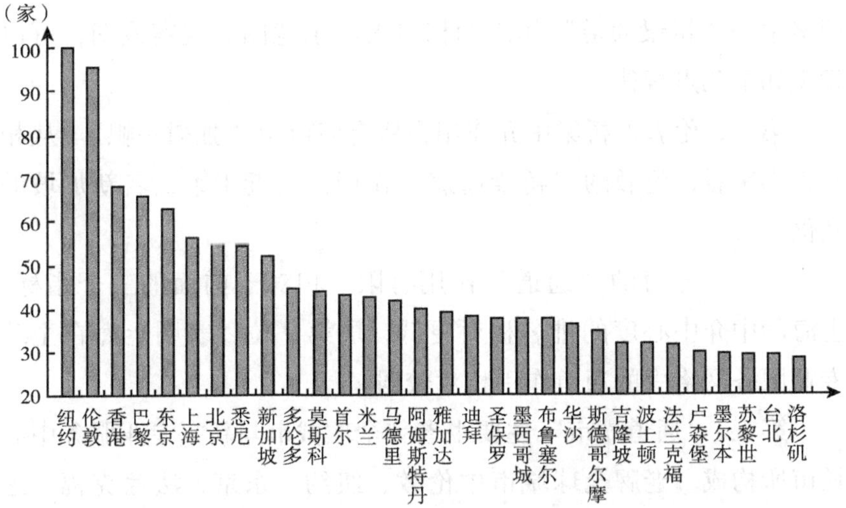


**图 3－12　基于节点出强度测量的各城市（TOP 30 城市）的专业服务业辐射力**

大多为老牌全球城市。专业服务业是服务业发展进入高级阶段后，从其中单独分离出来的一个细分领域。相对于老牌全球城市，新兴全球城市由于产业发展阶段与服务业发展水平整体相对较低，服务业发展尚未进入高级化阶段，因此专业服务业的发展水平与专业服务业总部经济能级也相对较低。上述特征，与前面关于专业服务业高能级总部主要集中在发达国家的总体规律相互一致。第三，上海的专业服务业辐射力，排名居纽约、伦敦、香港、巴黎、东京之后，居第 6 位。虽然从排名来看，位居前列，但从能级大小来看，与伦敦、纽约，甚至是香港、巴黎之间的差距较大。这一结果意味着上海的专业服务业总部经济，与伦敦、纽约等全球先进城市相比存在着较大短板与可提升空间。

### 4. 基于节点中介中心度的上海在全球专业服务网络中的“通道”作用测度与比较

节点的中介中心度，反映的是城市在专业服务网络中连接其他城市的“中介桥梁”作用。图 3－13 给出了各城市在专业服务网络中的“桥梁通道”作用的相对大小示意图。观察该图，可以发现如下几点规律：

第一，伦敦的桥梁中介作用在所有城市中“独树一帜”。从相对大小来看，伦敦的“桥梁通道”作用，接近于第二名新加坡的两倍。

第二，上海的“通道”作用有限。相对于前面的三个指标，上海的中介中心度的排名相对更低，居第 9 位，表明上海在全球专业服务网络中的通道作用相对较弱。

第三，“通道城市”主要由老牌全球城市与新兴专业服务中心城市所构成。老牌全球城市中伦敦、纽约、东京、法兰克福、芝加哥、巴黎、悉尼、都柏林等均位居前列；而新兴全球城市中的新加坡、香港、北京、广州、上海、迪拜、深圳、孟买、台北、吉隆坡等也排名较高，这些城市都是一国内部或者一定区域范围内的专业服务业中心城市，是连接全球其他区域与本地的专业服

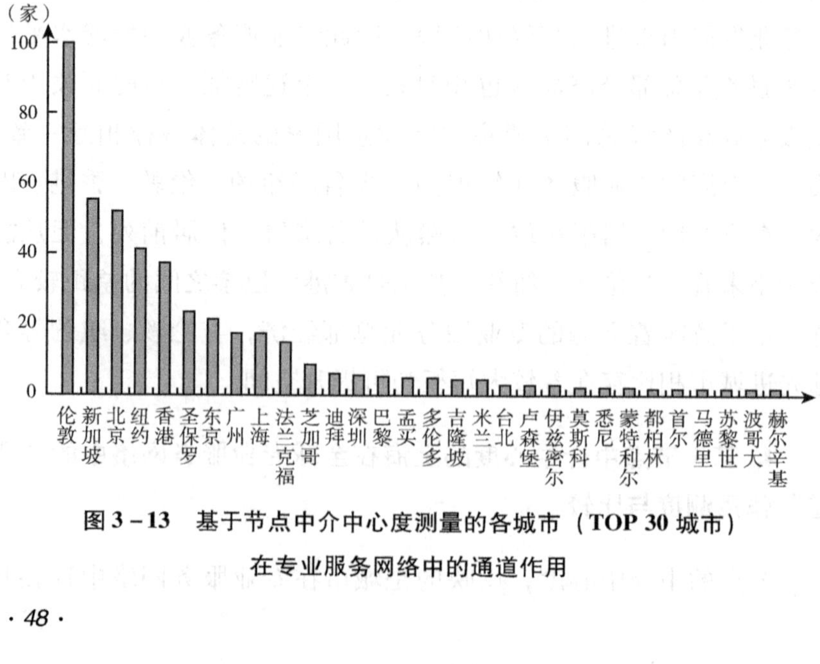


**图 3－13　基于节点中介中心度测量的各城市（TOP 30 城市）在专业服务网络中的通道作用**

务业网络的重要“桥梁中介”。伦敦的中介中心度远高于其他城市，意味着在全球专业服务业网络当中，伦敦是连接其他“桥梁”的“桥梁”。

## （二）基于全球专业服务网络的首位连接城市分析与上海的连接现状

如果在城市A的所有连接对象城市中，城市B与其之间的连接强度最大，那么城市B就是城市A的“首位连接城市”。同理，城市B有可能也是城市C的首位连接城市。在所有城市中，其首位连接对象均是城市B的所有城市数量加总，就得到城市B的“首位连接度”。图3－14与图3－15给出了基于专业服务业的城市首位连接度分布图以及各城市具体的首位连接城市。观察该图，可以发现如下几点重要规律：

第一，纽约、伦敦、北京是全球专业服务网络中城市首位连

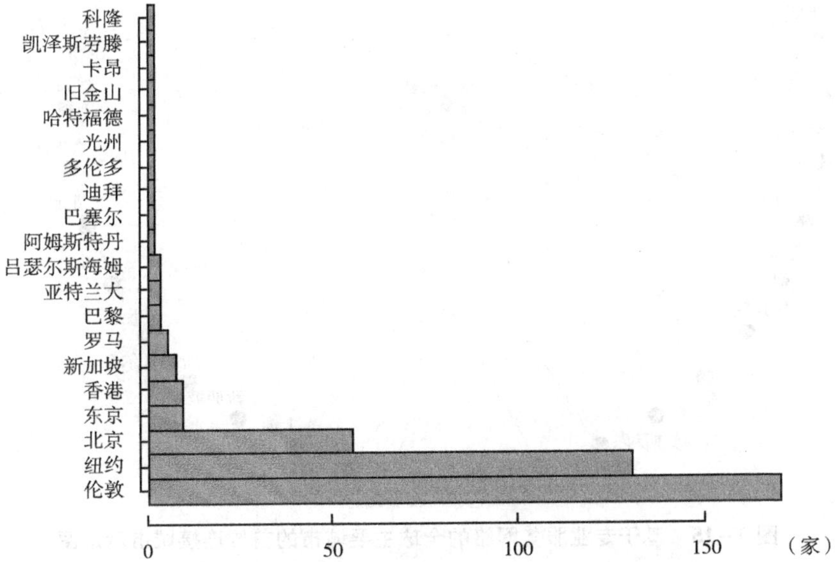


图3－14　基于专业服务业的城市首位连接度分布（TOP 20）

接度最高的城市。图 3－14 列出了城市首位连接度排前 20 位城市的首位连接度分布图，从中可以发现，伦敦、纽约的首位连接度远高于其他城市，且相对于第三名北京的优势非常明显。相比较而言，其他城市的首位连接度均非常小，所有城市的首位连接度呈现幂率分布特征，说明伦敦、纽约是大多数城市的首位连接城市，意味着伦敦、纽约在全球专业服务网络中占据主导地位。

第二，绝大多数重要城市的首位连接城市均为纽约或者伦敦。图 3－15 中列出了一些重要城市的首位连接城市，可以发现大多数全球城市的首位连接城市主要是纽约或者伦敦，说明纽约、伦

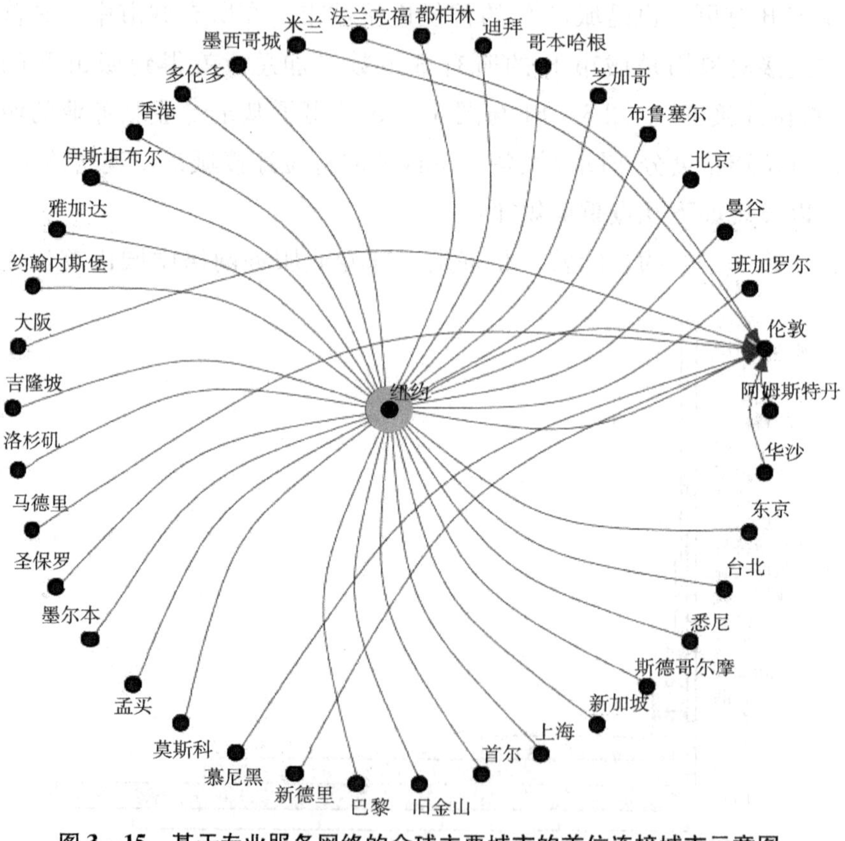


**图 3－15　基于专业服务网络的全球主要城市的首位连接城市示意图**

注：图中箭头所指城市为箭头发出城市的“首位连接城市”。

敦的专业服务业与其他城市之间联系非常密切，是专业服务网络中绝大多数城市联系最为紧密的城市。

第三，上海的首位连接度相对较低。上海的首位连接度排名并不居于前列，首位连接度与纽约、伦敦、东京、香港、新加坡等国际大都市相比差距巨大，只是长三角范围内个别城市的首位连接城市。可见，上海在全球专业服务网络中的网络中心位置不够突出。

## （三）全球专业服务网络的“核心—边缘”结构及上海在其中的位置分析

网络的“核心—边缘”结构反映的是网络中不同节点所处位置的差异。核心节点，意味着该节点对于整体网络的构成与连接具有重要作用；相反，边缘节点则是是否存在该节点对网络的整体连接与结构不会造成很大的影响的节点，属于网络中无关紧要的节点。

表 3 – 3 给出了基于专业服务业的不同方向网络的核心节点列表；图 3 – 16 给出了专业服务网络中核心节点之间相互联系形成的网络“主干”示意图。分析表 3 – 3 与图 3 – 16，可以发现如下几点重要规律：

第一，专业服务业总部控制型城市的数量明显少于分支机构主导型的城市数量，且主要以老牌全球城市与部分新兴全球城市为主。对比不同方向的网络核心节点数量可以发现，出向网络的核心节点数量明显少于入向网络的核心节点数量，说明总部控制型专业服务城市的数量明显较少，而分支机构聚集型的城市数量相对较多。其背后的原因主要是，总部经济资源是一种稀缺资源，全球资源配置能力是一种稀缺能力，尤其是在专业服务业领域，具备总部经济集聚能力的城市更是少之又少。相比较而言，吸引与培育专业服务业分支机构的能力，其要求与门槛则要低得多。

另外，如果将双向网络的核心节点数量与单向（出向或者入向）网络的核心节点数量进行比较可以发现，双向网络的核心节点数量更少，这是因为同时具备培育专业服务业总部经济与分支机构集聚地双重资源要素的城市更少。

第二，上海在三个方向网络中均居于网络核心节点位置。从表3－3中可以发现，无论是在出向网络、入向网络还是双向网络中，上海均属于核心节点，说明上海在三个不同方向的专业服务网络中对于网络连接与结构的形成，均具有重要的影响。但对比图3－16网络主干示意图中不同节点的连接强度可以发现，上海主要连接纽约、伦敦、北京、东京、香港等全球专业服务业中心城市，而对其他城市的连接则较弱，在联系能级上与纽约、伦敦之间也存在较大差距，说明上海虽然属于网络核心节点，但能级明显不够。结合前面的节点“入强度”与“出强度”指标可以看出，上海在“出向网络”中的能级要比在“入向网络”中的能级更低，意味着专业服务业总部经济功能的不足是上海的主要短板。

**表3－3　基于专业服务业的不同方向网络的核心节点列表**

| 网络 | 网络核心 | 数量 |
|---|---|---|
| 出向网络 | 阿姆斯特丹、巴黎、北京、波士顿、布鲁塞尔、迪拜、东京、多伦多、法兰克福、华沙、吉隆坡、卢森堡、伦敦、马德里、米兰、莫斯科、墨尔本、墨西哥城、纽约、上海、圣保罗、首尔、斯德哥尔摩、苏黎世、台北、悉尼、香港、新加坡、雅加达 | 29 |
| 入向网络 | 阿姆斯特丹、奥克兰、奥斯陆、巴黎、巴塞罗那、班加罗尔、北京、波士顿、布达佩斯、布拉格、布鲁塞尔、布宜诺斯艾利斯、达拉斯、迪拜、东京、都柏林、多伦多、法兰克福、广州、汉堡、杭州、胡志明市、华沙、华盛顿、吉隆坡、旧金山、里斯本、里约热内卢、卢森堡、伦敦、罗马、洛杉矶、马德里、马尼拉、迈阿密、曼谷、孟买、米兰、秘鲁利马、莫斯科、墨尔本、墨西哥城、慕尼黑、日内瓦、上海、深圳、圣保罗、圣地亚哥、首尔、苏黎世、台北、维也纳、西雅图、悉尼、香港、新德里、新加坡、休斯敦、雅典、雅加达、伊斯坦布尔、约翰内斯堡、芝加哥 | 63 |

续表

| 网络 | 网络核心 | 数量 |
|---|---|---|
| 双向网络 | 阿姆斯特丹、巴黎、北京、布鲁塞尔、迪拜、东京、多伦多、华沙、伦敦、马德里、米兰、莫斯科、墨西哥城、纽约、上海、圣保罗、首尔、斯德哥尔摩、悉尼、香港、新加坡、雅加达 | 22 |

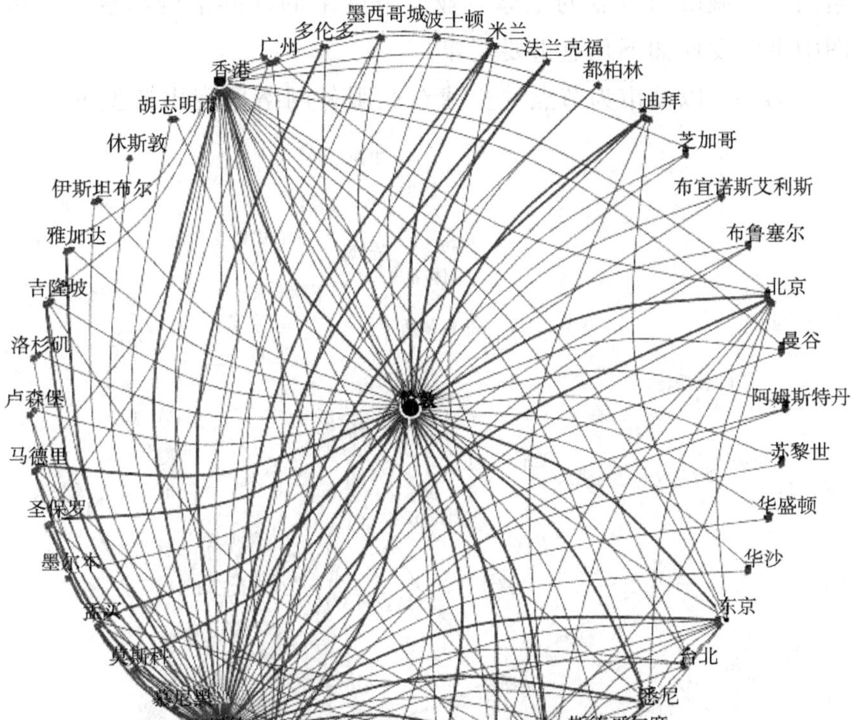


**图 3－16　基于专业服务业的（双向）网络“主干”示意图**

## (四) 全球专业服务网络的社群结构及上海所属的社群分析

网络社群结构，反映的是节点主要与哪些其他节点之间联系紧密，从而形成明显的群体集聚结构特征。全球专业服务网络的社群结构，可以反映出各个城市基于全球专业服务机构网络与哪些其他城市之间联系紧密并形成典型的网络社群结构。图 3 – 17 给出了以城市为节点的全球专业服务网络的社群结构示意图，从图中可以发现如下几点重要规律：

第一，以城市为节点的全球专业服务网络呈现出典型的“三

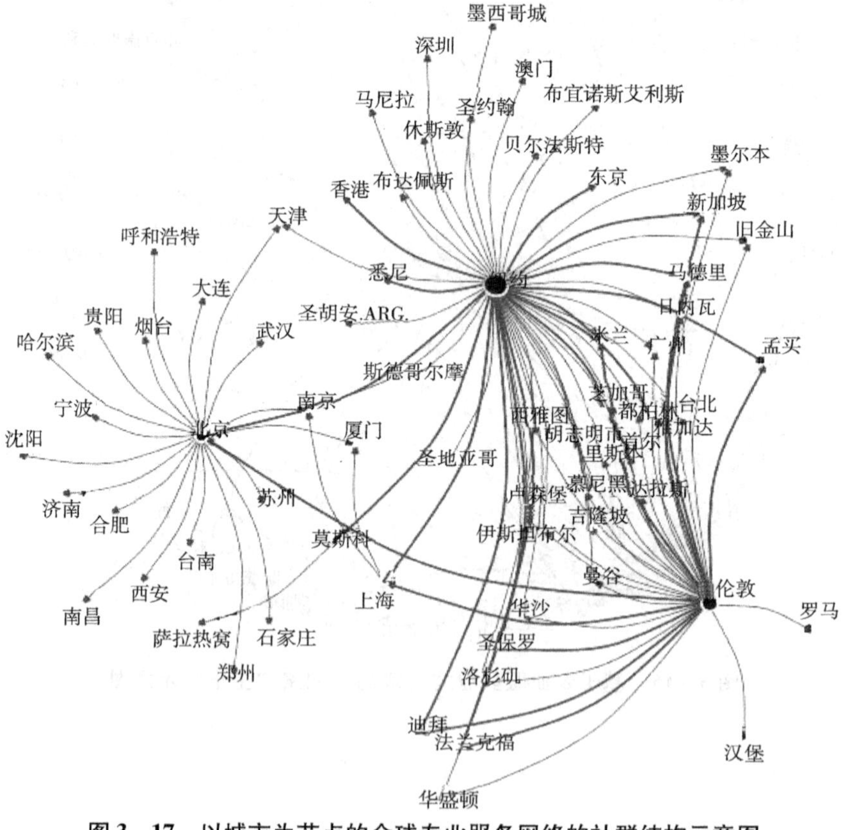


**图 3 – 17　以城市为节点的全球专业服务网络的社群结构示意图**

足鼎立”之势。观察图3－17可以发现，整体上全球专业服务网络形成了以纽约、伦敦与北京为中心的三足鼎立格局，且三者在网络规模与能级上也相对较为平衡，各自的势力范围与界限清晰明显，其他城市均依附于这三座城市，网络极化特征明显，这与前面的“核心—边缘”结构分析中专业服务网络的网络核心节点数量较少、控制权力集中于少数关键城市的结论相一致。相比较而言，以伦敦为中心的网络社群规模较大，说明伦敦在先进生产者服务业上优势明显，并且众多的欧洲、亚洲的全球城市都归属于伦敦社群。相反，并没有形成以东京为中心的社群，东京属于纽约社群之下，意味着东京的专业服务业并不突出。

第二，虽然形成了以北京为中心的国内社群，但社群规模不够，上海发挥了一定的连接内外的“桥梁中介”作用，但整体联系能级较低，国内城市专业服务网络的整体能级亟待提升。对比图3－17中的三个社群可以发现，以北京为中心的社群规模较小，主要连接国内城市，且部分大陆城市不再归属北京社群，如深圳归于纽约社群、广州归于伦敦社群，说明北京的社群能级较低。相对北京而言，并没有形成明显的以上海为中心的社群。但纵观国内城市可以发现，上海同时与纽约、伦敦两座城市之间存在较强的联系，且对内连接国内城市（如南京、厦门），属于连接内外的“桥梁中介”。但由于对内连接的城市数量较少，因此中介桥梁作用并不突出。总之，国内城市在以城市为节点的专业服务业网络中的地位有待进一步提升。

上海吸引全球专业服务
机构与专业服务业
高质量发展
Chapter 4

# 第四章 上海吸引全球专业服务机构的政策短板与瓶颈

专业服务业，不同于一般的行业，对人才资源高度依赖。也正因为如此，专业服务业对政策支持、营商环境等外部因素异常敏感。因此，要提升上海对全球专业服务机构的集聚能力、加快上海专业服务业的高质量发展，破除背后的政策短板与瓶颈是关键。本部分将在系统分析上海集聚全球专业服务机构存在问题的基础上，通过政策文本解析，找出上海吸引全球专业服务业的关键与促进专业服务业高质量发展的政策短板与瓶颈。

## 一、上海集聚全球专业服务机构存在的问题

通过第三章关于上海吸引全球专业服务机构的现状与国际比较分析，可以发现尽管上海已经建成具有一定全球影响力的国际金融中心，直逼伦敦、纽约等全球一流国际金融中心城市（在英国智库 z/yen 集团发布第 29 期全球金融中心指数排名中上海也力压香港，仅次于伦敦与纽约之后），但在专业服务业发展方面，尤其是吸引全球专业服务机构上，与其他全球城市均存在较大差距。主要可以总结为以下几点。

### （一）本土专业服务跨国公司严重缺乏，存在“质”的差距

全球性的总部严重缺乏，始终是上海总部经济发展的一个重要短板，不仅仅体现在专业服务业领域，但专业服务业领域这一差距相对更大。根据上海商务委发布的数据显示，上海所有行业的跨国公司总部当中，全球总部数量仅占 1%，说明上海培育本土跨国公司的能力仍然存在严重不足。在本报告关注的专业服务业领域，第三章研究样本中的“管理咨询、会计、广告以及法律”四个行业中，全球最顶级的公司中没有一家来自上海甚至中国内

地其他城市。本土专业服务跨国公司的严重缺乏，意味着上海在全球专业服务业当中的生产控制中心作用几乎为零，与欧美等全球先进城市存在“质”的差距。

其背后的原因主要有三点：第一，上海专业服务业的本土企业的整体发展水平低。目前国内的专业服务业仍然处于初级发展阶段，行业竞争力严重不足，与全球先进水平之间差距非常大。第二，专业服务业国际化水平低。本土专业服务业，由于缺乏竞争力，再加上专业服务业的开放水平低，企业“走出去”能力严重不足，严重制约了本土专业服务企业在全球开展业务的能力。第三，专业服务领域存在“赢者通吃”现象。在专业服务领域，企业内部的知识积累与信息共享以及对外的品牌声誉塑造，均具有典型的规模经济效应，会形成行业垄断，使后入者难以进入，这会进一步阻碍中国本土专业服务业跨国公司的成长。

## （二）总部机构数量较少，存在“量级”差别

虽然在全球专业服务机构总体数量上，上海与全球先进城市之间已无显著差距，但上海拥有的总部机构数量，与国际先进城市之间仍然存在显著差距。在 GaWC 中的 100 家专业服务业顶级公司中，上海拥有的跨国公司地区或者国家总部数量仅为 25 家，而伦敦则达到 50 家，是上海的 2 倍，而香港、新加坡也都超过 35 家。如果将全球总部也一并进行考虑，这一差距会进一步扩大，伦敦、纽约会高达 80 家，新加坡、香港也有 40 家，而上海仍然只有 25 家。实际上，上海跨国公司总部机构数量少，并不仅仅表现在专业服务领域。目前，在全行业中，上海跨国公司总部数量仍处于“百位级”，而新加坡、香港等全球城市早已处于“千位级”。新加坡跨国公司总部在 2016 年就已经达到 4200 多家，香港 2019 年则达到 1500 多家。目前，上海跨国公司总部数量不足香港

的一半，仅为新加坡的1/6。专业服务业总部数量的不足，说明上海对外专业服务能力较低，并将严重制约上海通过专业服务业发挥配置全球资源的功能。

## （三）高能级总部严重不足，存在重大“能级”落差

除了总部数量存在较大差距外，总部能级上也存在重大“能级”落差。从前面分析已知，上海全球总部几乎为零。不仅如此，亚太地区总部也严重不足。在前面分析的 GaWC100 家企业中，上海洲级总部仅有 7 家（与孟买齐平），占国家级与地区级总部数量之和的 1/4，全球排第 15 位，而伦敦、纽约则达到 30 多家，新加坡达到 22 家，甚至国内的北京也达到 13 家。由此可见，上海全球顶级城市之间的差距，存在重大“能级”落差。

前述结果与全行业的分布情况基本一致。目前，在全行业中，在沪跨国公司总部仍以国家总部为主，亚太洲级总部占比仅为14%，全球总部占比仅为1%，主要负责的还是内地，与全球城市进一步扩大开放的要求还不相适应。而且目前落户上海的跨国公司企业总部，不少都是以行政管理业务为主，开展资金调配运作的较少，这意味着最能产生资金流与信息流的业务还是流向了国外。

## （四）行业分布不均衡，存在特定“领域”短板

在沪跨国公司总部行业分布不均衡，管理咨询与广告领域发展相对较好，但法律、会计领域存在重要短板，结构有待优化。从前面的 GaWC100 家专业服务业跨国公司的数据分析可知，在专业服务机构总体数量上，四个行业基本差别不大；但若观察洲级或者国家级的总部数量分布可以发现，上海在广告、管理咨询两

个领域的排名相对较高，均位居全球第六，但在会计与法律两个领域，排名均在全球 30 名之后，而北京恰恰在这两个领域表现优异。

造成上述现象的原因，主要与中国专业服务业整体开放程度低、上海经济的整体市场化程度较高有关，这是跨国公司“用脚投票”的结果。管理咨询与广告两个行业，受到政策的影响与干预相对较少，在开放过程中面临的限制也较低，与上海高度市场化的经济相适应，因此外资企业会选择在上海落户。而法律与会计两个行业，受政府政策许可与管制的影响较大，目前开放程度低，将总部设在北京，有利于获得最新的政策资讯并维持与政府相对较为密切的关系，甚至会影响政府的政策出台。

这一结论意味着，上海应该继续在广告、管理咨询等受政策影响相对较小的领域重点吸引全球专业服务机构，打造全球广告创意中心、管理咨询中心。

## （五）机构来源不够分散，存在单一“来源地”问题

从在上海设立分支机构的专业服务业跨国公司的来源地来看，主要来自伦敦与纽约，且以美国公司占绝大多数。从前面的 GaWC100 家专业服务业跨国公司的数据分析可知，GaWC100 家企业在上海设立的各层级分支机构，有 26 家来自伦敦、25 家来自纽约，两者合计占比达 72%，其中美国公司累计占比达到 58%。同样，从洲级或者国家级的分支机构的来源地来看，来自伦敦的占比达 36%，来自纽约的占比达 27%，英美两国合计占比达 73%。

前述结果意味着，上海专业服务业跨国公司来源地的集中程度要高于上海全行业跨国公司来源地的集中程度。这一方面说明，英美两国的专业服务业高度发达，跨国公司实力强劲，占据行业

垄断地位；另一方面意味着，上海专业服务业跨国公司来源地过于集中，分散性不够。在全球经济不确定性日趋提升、逆全球化与贸易投资保护主义日趋抬头、全球产业链稳定性不断下降、跨国公司逐渐向近岸化布局的背景下，专业服务业过度依赖单一投资来源地，势必会形成较大的经济风险。

总而言之，在专业服务业领域，上海吸引跨国公司的能力明显低于金融业以及其他传统行业。与全球先进城市相比，虽然上海在吸引全球专业服务机构总量上已无明显差距，但主要以代表处与办事处为主，总部机构数量存在“量级”差距，总部类型存在“能级”落差，总部行业存在“领域”短板，在机构来源上存在“来源地”单一问题，且尚未培育出具有全球影响力的本土专业服务跨国公司（见表4－1和表4－2）。

**表4－1　GaWC100家专业服务机构中在上海落户的机构来源地分布**

单位：家

| 伦敦 | 纽约 | 芝加哥 | 波士顿 | 亚特兰大 | 华盛顿 | 巴黎 | 达拉斯 | 阿姆斯特丹 | 首尔 |
|---|---|---|---|---|---|---|---|---|---|
| 26 | 25 | 10 | 5 | 3 | 2 | 2 | 1 | 1 | 1 |

| 费城 | 东京 | 悉尼 | 苏黎世 | 布鲁塞尔 | 慕尼黑 | 洛杉矶 | 小石城 | 都柏林 |
|---|---|---|---|---|---|---|---|---|
| 1 | 1 | 1 | 1 | 1 | 1 | 1 | 1 | 1 |

**表4－2　GaWC100家专业服务机构中在上海设立总部的机构来源地分布**

单位：家

| 伦敦 | 纽约 | 巴黎 | 芝加哥 | 阿姆斯特丹 | 亚特兰大 | 波士顿 | 慕尼黑 | 布鲁塞尔 |
|---|---|---|---|---|---|---|---|---|
| 8 | 6 | 2 | 1 | 1 | 1 | 1 | 1 | 1 |

## 二、上海吸引全球专业服务机构的政策瓶颈

### （一）政策重视力度不够，未出台专门指导性文件

近年来，随着上海经济的不断转型发展，服务业在国民经济中的比重不断提升，2021 年上半年已达到 75.0%。但高端服务业的占比还不是很高，尤其是法律、财会、广告等专业服务领域与纽约、伦敦、香港这样的全球专业服务中心城市相比还存在较大差距。专业服务业由于自身的知识密集性与智力驱动性的特点，确实需要较长时间的积累才能取得长足的发展，但也离不开政府政策的推动。

对专业服务业的发展，政策重视力度不够。梳理上海自从“十三五”规划以来颁布的各项政策文件可以发现，政府对于服务业的发展非常重视，但对于专业服务业发展的重视力度明显不足。多年以来，在上海国际金融中心、贸易中心、航运中心以及全球科技创新中心建设的引导下，上海政府的政策注意力主要集中在服务业当中的金融服务、商贸服务、航运物流服务、科技研发服务这几个主要领域。近年来，随着互联网与数字技术的不断发展，信息与数字服务也成为政府的重要关注领域，但在规模相对较小的法律、财会、广告、人力资源等专业服务领域却未给予特别关注与政策引导。

前述结论从 2016 年发布的《上海市“十三五”服务业发展规划》中能够得到直接证明。在《上海市“十三五”服务业发展规划》中，没有提及“专业服务业”的完整概念，只是将“专业服务业”纳入“生产性服务业”的整体中，作为生产性服务业中的一个子行业进行规划，仅仅做了“强化服务专业化、市场化要求，

加快发展节能环保服务、商务咨询、售后服务、人力资源服务和品牌建设等生产性服务业"的整体表述，也没有开辟专门的篇幅对专业服务业的发展目标进行完整阐述。如果对《上海市"十三五"服务业发展规划》根据行业关键词进行统计，就可以得到如表4-3所示的统计结果。可以发现，左侧有关"五个中心"建设的关键词出现的频次非常高，而右侧的关于"专业服务业"的关键词出现频次仅在个位数，从侧面说明了专业服务业的发展受到政府的重视程度不够。与服务业的市级整体规划相互一致，在后期的落实当中也没有出台专门针对"专业服务业"推进政策，仅在区级层面有个别区出台了专门性文件（见表4-4）。

**表4-3　《上海市"十三五"服务业发展规划》中的行业关键词出现频次统计**

| 关键词 | 出现频次 | 专业服务业相关关键词 | 出现频次 |
|---|---|---|---|
| 金融 | 51 | 法律 | 4 |
| 贸易 | 30 | 咨询服务 | 4 |
| 航运 | 16 | 广告 | 1 |
| 科技/研发 | 45 | 人力资源服务 | 7 |
| 生产性服务业 | 25 | 专业服务业 | 0 |

**表4-4　上海区级及以下层面出台的关于专业服务业的专门性文件**

| 出台时间 | 政策文件名称 | 出台机构 |
|---|---|---|
| 2017年7月 | 浦东新区"十三五"期间促进专业服务业发展财政扶持办法 | 浦东区政府 |
| 2017年12月 | 虹口区现代服务业发展"十三五"规划 | 虹口区发展改革委 |
| 2019年6月 | 静安区"全球服务商计划"实施方案<br>关于促进"全球服务商"发展的实施办法（试行） | 静安区政府 |

续表

| 出台时间 | 政策文件名称 | 出台机构 |
| --- | --- | --- |
| 2019年7月 | 普陀区加快发展专业服务业实施意见 | 普陀区发展和改革委员会<br>普陀区市场监管局<br>普陀区司法局<br>普陀区财政局<br>普陀区投资促进办公室 |
| 2020年12月 | 上海虹桥商务区关于专业服务业发展的扶持政策 | 虹桥商务区管委会 |

不仅如此，与国内同等级的城市相比，上海对于专业服务业的发展也明显重视不足。早在2019年8月，北京市发改委联合19个相关部门就出台了《北京市服务业扩大开放综合试点专业服务领域开放改革三年行动计划（2019~2021年）》的专门性指导文件，推出了四个方面的改革突破措施；紧接着，为落实建设国家服务业扩大开放综合示范区和中国（北京）自由贸易试验区，北京市发改委于2021年1月又出台了《北京市“两区”建设专业服务领域工作方案》，这两个专门性文件的出台，为北京市专业服务业的改革与开放指明了方向。以法律、咨询、广告、人力资源管理等为主的专业服务业，不同于生产性服务业中的其他部门，具有高知识性、轻资产性、高互动性以及多样非标准性，需要有专门的政策引导与不同的监管形式，因此适用于常规生产性服务业的产业政策并不一定适用于专业服务业。上海要建设全球专业服务中心，必须在战略上给予足够重视，将专业服务业作为服务业的单独领域进行系统专门谋划。

## （二）国家特殊政策支持不足，专业服务业开放受限

客观而言，当前跨国公司在沪发展还存在不少制度障碍，尤其是专业服务领域存在的壁垒更多，对高能级的专业服务机

构发挥综合管控与调配资源能力形成较大制约，这是当前上海吸引全球专业服务机构的最大制约因素。虽然在上海自贸区建设过程中，国家给予了上海服务业开放一定的空间，但与上海打造总部经济，尤其是吸引服务业总部的要求之间仍然存在较大差距。

首先，专业服务业的部分关键领域尚未开放。虽然在 2020 年最新版的外资准入负面清单当中已经对会计、人力资源、广告、咨询等专业服务业领域全面开放，但仍然存在诸多重要领域存在大量准入限制。例如在法律服务业，目前的开放也仅仅在内外资律师事务所可以互派代表，“外籍律师不能处理中国法律事务，中国律师不能处理外国法律事务”，严重制约了外资事务所的进入意愿，可以说法律服务领域的开放还处于刚起步阶段。虽然像法律服务业这样的关键敏感领域不可能做到一次性全部放开，但仍然可以在上海自贸区内进行大胆探索，成功了可以推广复制，不成功可以改进重新尝试。

其次，已准入领域依然存在大量产业进入壁垒。虽然最新版的外资准入负面清单进行了大量缩减，但并不意味着负面清单之外的领域，外资都可以自由进入。负面清单的落实需要各级层面各个部门的相互配合，从目前来看各个领域依然存在大量的或多或少、或明或暗的准入限制。例如，在会计审计领域的开放当中，依然对律师事务所的首席合伙人的国籍进行了限制。由此可见，已开放领域在落地过程中仍然存在大量壁垒，开放力度和落地程度与预期之间尚存较大差距。

最后，当前开放模式不能适应专业服务业开放的需求。服务业开放，尤其是专业服务业的开放，不同于制造业的开放，也不同于服务业中的其他领域，对营商环境异常敏感，涉及严格的知识产权保护、自然人流动、执业资格认证、跨境交付、税制改革等各个方面，内容复杂且对营商环境异常敏感，需要各个领域的协同配合，因此当前主要针对货物贸易的单一开放模式，并不能适应。

前述几个方面严重制约了上海对全球专业服务机构的吸引力，也必然阻碍上海服务业扩大开放的步伐。这些领域的开放，单靠上海地方政府难以推进，需要国家层面的政策许可与支持。要紧抓上海建设国家服务业扩大开放综合试点城市的重大机遇，将自贸区的特殊性与政策空间发挥到极致，不断探索尝试，在全国范围内先行先试，争取新的突破。

## （三）营商环境与配套政策仍有待加强，与先进城市相比存在较大差距

专业服务业既是营商环境的塑造者、改善者，但同时对营商环境也异常敏感。近年来，上海虽然在打造市场化、法治化、便利化、国际化的营商环境方面不断努力，但与国际先进水平之间仍然存在较大差距，距离吸引全球专业服务机构与跨国公司总部的需求还有不小差距。

首先，知识产权以及商业信用保护力度有待提升。专业服务业属于高知识、高技术与高互动性的行业，服务者所掌握的专业知识与技术技能是最核心的行业竞争力，只有掌握了专属的行业知识、信息以及技术，才能在行业竞争中处于优势地位，因此对这些信息、知识与技术的保护对于行业发展就至关重要。同时，高互动性又决定了在服务的过程中，交易双方可能会接触到的核心业务、商业机密、关键知识与技术，因此如何保证在服务业过程中不被泄漏就非常关键，对于知识产权保护以及商业信用体系建设都提出了较高要求。根据上海市外商投资协会 2017 年的第三方评估报告，只有 50% 的受访外资企业认为上海的知识产权保护比较到位，笔者在调研过程中也得到了众多

外资管理者的同样反馈。外企反映的问题主要是：行政与司法机关对于知识产权法的解释有时与国家标准不一致；侵权救济状况虽然有所改善，但获得救济仍然非常难；外资企业在知识产权商业化与市场准入方面存在较大障碍。根据2020年美国商会全球创新政策中心发布的2020年国际知识产权指数，美国以47.64分再次高居榜首，中国以25.48分（50.96%）列第28位。虽然上海对知识产权的保护好于全国平均水平，但与欧美西方国家相比仍然存在较大差距。

其次，专业服务业跨国公司参与政府咨询与国有企业项目较难。国家对在华跨国公司研发中心与国内单位联合申请科技项目是允许的，但对是否可以独立申请政府资助的项目尚未作出明确规定。虽然上海尝试鼓励在沪跨国公司与上海本地单位联合申请政府科技项目，但总体而言相对较少，也缺乏相应的渠道。笔者调研中发现，目前在沪的专业服务业跨国公司主要服务于在沪其他外资企业以及上市公司，较难参与到政府决策与科技咨询以及国有企业项目；同时，普通民营企业由于缺乏寻找高端专业服务的意识与资金实力，因此需求也明显不足。

最后，适用于专业服务业的税收政策有待优化。相对于境外先进城市而言，上海在促进专业服务业发展与吸引跨国公司总部方面的税制处于劣势。企业所得税与个人所得税的税率较高。与新加坡、香港、迪拜相比，中国内地的企业所得税的税率、个人所得税的税率要高得多，如果跨国公司将亚太总部由新加坡或者香港移至上海，则意味着企业所得税与外籍高管的个人所得税必须由企业承担，必然造成对主要以人力、智力投入为主的劳动密集型专业服务业企业的较大冲击，大幅增加了企业运营成本。

## （四）产业政策优惠支持力度不强，支持措施缺乏多样性

产业优惠政策，对于产业的发展至关重要，上海吸引全球专业服务机构，实现专业服务业规模化、专业化、国际化发展，不仅要扩大开放，而且需要专门针对专业服务业的产业与优惠政策。但就目前而言，上海仍然存在较大不足。

首先，高能级跨国公司认定标准过高，不适用于专业服务业，吸引跨国公司设立总部的优惠条件无法适用。专业服务业跨国公司总体规模，相对于传统行业或者高新技术行业的跨国公司而言，要小得多，多是“小而精”的企业，即使是“四大”这样的全球专业服务业的垄断者，在营收规模上也远远低于大多数传统行业的跨国公司，实际上“世界财富500强”中的专业服务业企业数量很少，也只有各个行业的少数垄断者能够入围。因此，直接在营收或者规模上与一般的跨国公司根本不可比，这也意味着适用于传统行业的高能级（包括高新技术企业认定，专业服务业部分也属于高新技术企业）跨国公司认定标准在专业服务业中不适用。绝大多数专业服务业企业无法达到认定标准，自然也享受不到各种相关优惠政策。不仅如此，由于专业服务业的整体开放程度水平较低、配套措施严重不足，大多数外资专业服务机构只是在上海设立代表处或者办事处，将地区总部迁往上海的意愿并不强烈，因此上海已经颁布的鼓励跨国公司设立地区总部的促进与优惠政策在专业服务业中根本无法发挥作用。相对而言，北京、广东等地的认定标准则相对宽松。可见，上海要吸引全球专业服务机构，必须制定专门适用于专业服务业的高等级跨国公司与总部认定标准。

其次，专门针对专业服务业的产业支持政策严重缺乏，少有的个别支持措施也过于单一，缺乏有效性。由于上海专业服务业

在战略层面上未得到重视，因此受到的产业扶持也较为缺乏。就目前而言，尚未制定市级层面产业优惠政策，像咨询、信评等行业基本处于自由、无序生长之中。直到近一两年，才有浦东、虹口、普陀、静安四个区在区级层面上，根据自己的产业发展需要出台了一些支持措施（见表4－5）。但仔细分析这些政策措施，可以发现支持措施大同小异，主要为租金减免、购房补助或者奖励支持等。总体而言，手段过于单一，而且均设置了相应较高的门槛，只有行业领军企业或者重点头部企业才能获得上述政策支持，因此效果一般。不仅如此，单纯的资金支持并不能解决专业服务业企业的真正“痛点”，而需要从制度上针对专业服务企业的行业特性，提供更大的灵活性与便利性，如灵活用工机制、跨领域混合经营等。

**表4－5　各区关于专业服务业的专门性文件的主要内容**

| 出台时间 | 政策文件名称 | 支持措施或主要政策内容 |
| --- | --- | --- |
| 2017年7月 | 《浦东新区“十三五”期间促进专业服务业发展财政扶持办法》 | 适用行业：法律服务、会计审计、知识产权服务、人力资源服务、科技中介服务以及其他新兴专业服务机构六类专业服务业<br>支持措施：对新引进企业机构，重点企业按照企业对新区的贡献程度五年内给予一定奖励；成长企业按照企业对新区的贡献程度五年内给予一定奖励；对存量企业机构，经认定达到一定标准后，按照认定年度的前三年企业对新区的贡献程度平均数为基数，给予一定奖励；对达到一定标准的专业服务业机构，经认定符合标准的企业高管和中层管理人员五年内给予一定奖励 |
| 2017年12月 | 《虹口区现代服务业发展“十三五”规划》 | 专业服务业中重点规划产业：一是中介服务业，包括注册会计师行业、商务咨询业、广告业；二是专业技术服务，包括材料检测和勘测设计；三是工程服务。<br>支持措施：区“十三五”规划当中用专门篇幅进行了规划，但尚未出台专门性的支持措施，但根据《上海市服务业发展引导资金使用和管理办法》，可以与服务业其他领域同等申请引导资金支持 |

续表

| 出台时间 | 政策文件名称 | 支持措施或主要政策内容 |
| --- | --- | --- |
| 2019年6月 | 静安区《“全球服务商计划”实施方案》《关于促进“全球服务商”发展的实施办法（试行）》 | 支持措施：①支持具有国际影响力的全球服务机构及重大项目落地，对新引进的具有全球服务能级的企业或项目，可给予最高500万元的一次性开办资助以及每年最高150万元的租房补贴。②支持鼓励全球服务商企业在静安区的分公司、代表处等分支机构升级并给予最高100万元的一次性奖励。③支持全球服务商在静安区新增业务结算、扩大业务板块规模，引导上下游关联企业落户或推动所服务的企业在静安区新增业务板块，最高可给予500万元的一次性奖励。④支持企业进入GaWC名录、财富500强等具有影响力的权威榜单，最高可给予500万元一次性奖励。⑤支持具有国际影响力的商会、协会、行业组织落地，最高可给予300万元一次性奖励。⑥支持全球服务商在静安区举办具有国际影响力和产业带动作用的博览会，品牌论坛、行业会展等重大活动，最高可给予100万元一次性奖励。⑦鼓励全球服务商引进国际化高端人才，可参照粤港澳大湾区政策标准给予高端人才补贴。⑧做好全球服务商人才服务，在人才公寓、住房补贴、医疗服务等方面提供支持保障。<br>说明：“全球服务商计划”并不是专门针对专业服务业，而是包括专业服务业在内的商贸服务、金融服务、专业服务、文化创意和信息服务五大重点产业。此外，在2019年的“全球服务商计划”发布会上，上海市促进专业服务业发展工作推进小组以及上海市专业服务业联盟同时成立 |
| 2019年7月 | 《普陀区加快发展专业服务业实施意见》 | 适用行业：标准化服务业、法律服务业等专业服务业<br>支持举措：（1）支持标准化服务业发展和标准化工作推进：①对新引进标准化服务领军企业，区域经济贡献突出的，经认定可给予最高不超过300万元的开办费资助，分三年拨付。②对新引进或设立的标准化领域行业协会、研究院等组织，经认定为国际级、国家级行业组织的，可给予最高不超过50万元的一次性资助。③对区内企业或组织，主导制（修）定智能制造及机器人等重点产业领域国际、国家、行业、地方标准的，分别可给予最高不超过30万元、20万元、10万元、5万元的奖励。④对承担国家级、市级标准化示范（试点）项目或标准化服务业试点项目的企事业单位和组织，分别给予20万元、15万元的奖励；定期组织开展区级示范项目评选，对获评项目给予一定奖励。⑤对承担国家级、市级标准化技术委员会项目的企事业单位，分别可给予最高不超过10万元、5万元的奖励。⑥对举办标准化服务领域市级及以上、具有影响力的论坛、会展等活动的，经认定后，可给予最高不超过20万元的资助。⑦同一申请人一年内享受以上第3、4、5款扶持总额最高不超过50万元。 |

续表

| 出台时间 | 政策文件名称 | 支持措施或主要政策内容 |
| --- | --- | --- |
| 2019 年 7 月 | 《普陀区加快发展专业服务业实施意见》 | （2）支持法律服务业发展：①对新引进的国内外品牌律师事务所，经认定的，可给予最高不超过 100 万元的开办费资助，分三年拨付；对区域经济贡献显著的律师事务所，结合服务区域发展的情况，经认定的，可给予一定奖励。②对国家法治建设具有重大创新效应的法律服务功能平台，可给予一定的运营资助。③对积极参与重点地区建设、旧区改造、重大项目论证、信访矛盾化解、重大群体性矛盾处置、社会稳定风险评估等工作中表现突出的律师事务所，经综合评估后可给予最高不超过 5 万元的一次性奖励。④对获评国家级、市级荣誉或资质的律师事务所，可给予最高不超过 5 万元的一次性奖励 |
| 2020 年 12 月 | 上海虹桥商务区关于专业服务业发展的扶持政策 | 支持措施：（1）对新引进的国内外知名律师事务所、会计师事务所、知识产权服务、咨询公司、市场调查公司、科技中介服务以及人才服务机构；对新引进的经国家或者本市主管部门批准认可或者由国际公认的信用服务机构授权的信用服务机构、资信调查与评级机构；对新引进的经国际或者国家专业认证机构授权的产品认证和检测机构，年营业收入在 5000 万元人民币（含）以上或者实现年经济贡献在 500 万元人民币（含）以上的，给予最高不超过 50 万元人民币开办资助，自认定年度起，分两年按 50%、50% 的比例发放开办资助资金。在商务区购置自用办公用房的，按购房总价 5%、最高不超过 80 万元人民币给予一次性购房补贴；在商务区租赁自用办公用房的，以不超过 500 平方米（含）建筑面积、每平方米每天不超过 5 元人民币的标准，按租金的 30% 给予三年租房补贴，累计不超过 80 万元人民币。<br>（2）对新引进的国内外上市的知名广告传媒公司、广告年营业收入在 1 亿元人民币（含）以上或者实现年经济贡献在 2000 万元人民币（含）以上的大型专业广告公司，给予最高不超过 50 万元人民币开办资助，自认定年度起，分两年按 50%、50% 的比例发放开办资助资金。在商务区购置自用办公用房的，按购房总价 5%、最高不超过 80 万元人民币给予一次性购房补贴；在商务区租赁自用办公用房的，以不超过 500 平方米（含）建筑面积、每平方米每天不超过 5 元人民币的标准，按租金的 30% 给予三年租房补贴，累计不超过 80 万元人民币 |

注：企业要获得表中任意一条政策支持措施，都必须满足相应的资质条件或者税收贡献条件，由于政策文本过多，在此不再详细列出。

## （五）优势资源集聚不足，人才吸引力度不强

专业服务业的发展，人才是关键，像麦肯锡这样的全球最顶级的专业服务机构集聚的都是全球最一流的人才。但从目前来看，上海无论是在现已集聚的存量专业服务人才资源，还是进一步吸引国内人才和吸引国际人才方面，都存在较大的短板。

首先，上海在现已集聚的存量专业服务人才资源方面，与先进城市存在较大差距。在专业服务领域，无论是咨询、法律、广告、设计等方面，北京的从业人数都超过上海，在教育培育以及专业服务人才的储备上都具有非常大的优势。以 2019 年全国各地律师协会公布的数据为准，北京拥有执业律师 34755 人，每万人拥有律师 16. 14 人，而上海则只有 26520 人，每万人拥有 10. 92 人，差距较大。在具有重要影响力的法律人才培养方面，北京拥有清华法学院、北大法学院、人大法学院以及中国政法大学等多个法学人才培养重镇，而上海仅有华东政法大学一所影响力较强。

其次，上海对国内专业服务业人才的吸引力持续下降。近年来，由于受到高房价、落户门槛限制、周边其他一二线城市的人才优惠政策的影响，去往上海周边的杭州、苏州、南京、合肥等地工作的年轻人越来越多、意愿越来越强，上海人才流失率严重。根据 Boss 直聘研究院发布的《2019 年应届生求职趋势报告》，上海毕业生留存率只有 79. 5%，大幅低于 2018 年的 86. 6%。此外，近年来上海及周边的互联网、金融等行业的工资不断上涨，也吸引了大量优秀人才流入。笔者在调研过程中，就有被访者反映“宁愿去杭州从事大数据分析工作，也不愿意留在上海进外企从事咨询工作”。由此可见，随着上海人才外流，以及信息技术与金融行业工资的不断上涨，上海外企咨询等专业服务工作对于年轻人的吸引力正不断下降。

最后，对外籍专业服务人才的便利支持不够。上海吸引全球专业服务机构，会涉及大量外籍技术专家、工作人员来沪工作与生活，但从目前来看，上海涉及外籍人才的服务便利化程度与先进城市存在一定差距。第一，跨国公司的外籍员工需要缴纳双重社保。当前的《在中国境内就业的外国人参加社会保险暂行办法》规定，在中国境内就业外国人或者受境外雇主派遣到境内工作单位工作的外国人，应依法参加社会保险。由于跨国公司的外籍员工大多属于外派性质到中国临时工作，在国内已经参加社保，因此会造成“双重缴纳”的问题，而且无法真正享受中国社保待遇。第二，外籍人员出入境与办理签证不够便利。目前，大多数国家的居民来中国工作均需要在中国驻外国使领馆办理签证，而申请中国永久居留的门槛较高，难度较大，很少能够获得。第三，外汇收付阻碍较大。现行的外汇管制较为严格，不仅制约了跨国公司跨境资金调配功能，而且造成外籍员工工资薪金对外支付不便，不仅需要向主管税务机关备案，还要接受支付合规审查，流程烦琐、时间较长、各项成本较高。上述这些因素，对于涉及人员大量跨境往来的专业服务业而言，均是重要障碍。

# 第五章 国内外城市吸引全球专业服务机构的经验借鉴

经济服务化与服务业高级化发展，都是一个相对漫长的过程。当前，上海服务业的规模、比重以及发展质量与纽约、伦敦相比，都存在较大的差距，甚至与国内的香港与北京相比，也存在不小的差距。此外，纽约、伦敦两座全球顶级的服务业中心城市，是在几十年甚至上百年的全球经济演变中自然形成的，具有很多的历史因素。其依靠资本主义社会化大生产以及跨国公司私人资本推动形成的全球城市发展模式，也不是上海能够学习借鉴的。而北京、新加坡、迪拜等，以政府为主导形成的全球城市发展模式，可能与上海更加接近。因此，从可行性与实用主义的角度来看，学习香港、北京、新加坡、迪拜等与上海差距相对较小、发展模式更接近的全球城市高水平服务业的发展经验，可能更有价值，也更有实践意义。

## 一、北　京

### （一）将专业服务业开放上升至战略高度单独谋划

自2015年国务院同意在北京市进行服务业扩大开放综合试点以来，在国务院以及国家有关部委的支持下，北京市在服务业扩大开放上进行了多轮探索与改革，先后发布了多项政策与文件进行推动（见表5－1）。同时，将专业服务业作为服务扩大开放的重要领域，先后多次由不同层级部门发布系列政策文件进行单独谋划，出台了《北京市服务业扩大开放综合试点专业服务领域开放改革三年行动计划（2019～2021年）》。三年行动计划聚焦法律、会计、会展、设计、专利、人力资源等专业服务业重点领域，对标国际一流标准，服务首都城市“四个中心”战略定位，全面推进专业服务领域开放与改革，采取了众多突破性举措。因此，可以说在国家试点政策的支持下，北京市已经将专业服务业的开放与发展上升至事关城市整体发展的战略全局高度。

**表 5－1 促进北京市服务业（包括专业服务业）扩大开放与发展的相关重要政策文件**

| 轮次 | 发布时间 | 政策文件名称 | 发布机构 |
|---|---|---|---|
| 第一轮：试点阶段 | 2015 年 5 月 | 《国务院关于北京市服务业扩大开放综合试点总体方案的批复》<br>《北京市服务业扩大开放综合试点总体方案》<br>《北京市服务业扩大开放综合试点开放措施》 | 国务院 |
| 第二轮：深化阶段 | 2017 年 6 月 | 《国务院关于深化改革推进北京市服务业扩大开放综合试点工作方案的批复》<br>《深化改革推进北京市服务业扩大开放综合试点工作方案》 | 国务院 |
| 第三轮：全面推进阶段 | 2019 年 1 月 | 《国务院关于全面推进北京市服务业扩大开放综合试点工作方案的批复》<br>《全面推进北京市服务业扩大开放综合试点工作方案》<br>《全面推进北京市服务业扩大开放综合试点开放措施》 | 国务院 |
| | 2019 年 8 月 | 《北京市服务业扩大开放综合试点重点领域开放改革三年行动计划》<br>《北京市服务业扩大开放综合试点专业服务领域开放改革三年行动计划（2019～2021 年）》 | 北京市发改委 |
| | 2020 年 3 月 | 《关于促进商务咨询服务业健康发展的若干措施》 | 北京市商务局 |
| 第四轮：建设示范区阶段 | 2020 年 8 月 | 《国务院关于同意北京市建设国家服务业扩大开放综合示范区的批复》<br>《深化北京市新一轮服务业扩大开放综合试点建设国家服务业扩大开放综合示范区工作方案》 | 国务院 |
| | 2020 年 12 | 《东城区“两区”建设工作方案》 | 东城区发改委 |

续表

| 轮次 | 发布时间 | 政策文件名称 | 发布机构 |
| --- | --- | --- | --- |
| 第四轮：建设示范区阶段 | 2021 年 1 月 | 关于印发北京市“两区”建设专业服务领域工作方案的通知 | 北京市发改委 |
| | 2021 年 1 月 | 《西城区促进专业服务业高质量发展的若干措施》 | 西城区发改委 |
| | 2021 年 7 月 | 《北京市关于改革优化法律服务业发展环境若干措施》 | 北京市发改委 |

## （二）获得国家试点政策支持，建立专业服务业示范区

专业服务业的开放，内容复杂，牵涉面广，不仅是吸引外资、营商环境改善的问题，而且涉及境外人员往来与执业，而像法律服务业这样敏感领域的开放，还处在初期的不断探索之中。专业服务业的开放单靠地方政府推动难以奏效，中央的政策支持与许可至关重要。

北京市早在 2015 年就已经获得国务院的同意，成为首个服务业扩大开放试点城市，开展服务业扩大开放试点工作，并获得了较大的政策支持，如在法律、会计、旅游等重点领域降低了一定的准入限制条件。在第一轮的试点之后，2017 年 7 月，国务院又发布了《深化改革推进北京市服务业扩大开放综合试点工作方案》，将改革向深入推进；此后，2019 年 1 月，国务院又发布了《全面推进北京市服务业扩大开放综合试点工作方案》，在法律服务、出境旅游、医疗等领域全面扩大开放。而在 2020 年 8 月则进入了综合开放试点阶段，设立试点建设国家服务业扩大开放综合示范区，为全国服务业扩大开放探路。在这些试点政策的推动下，北京市服务业开放取得了明显成效，专业服务业开放与改革也形成了良好的发展基础，资源要素不断集聚、政策框架逐步形成。

### （三）采取一系列突破性的重要改革举措

为推动北京市专业服务业开放、集聚全球专业服务要素资源，北京市聚焦会计、咨询、法律、规划、设计等领域，重点围绕降低准入门槛、推动资质互认、补齐发展短板、构建全球化服务网络四个方面实现开放与改革突破，先后采取了16项措施。在这些改革措施的推动下，加速了专业服务资源要素统一开放和自主流动，增强了专业服务机构国际合作能力，落地了一批示范性的品牌企业，引入了一批国际化专业服务要素（见表5－2）。

**表5－2　　北京市专业服务业扩大开放的重要举措**

| 改革方面 | 改革内容 |
|---|---|
| 降低准入门槛 | 探索建立专业服务国际联合体；推广国内律师事务所聘请外籍律师担任外国法律顾问试点；支持在北京全域内设立外商独资人力资源服务机构；取消外商投资认证机构的投资方条件限制 |
| 推动资质互认 | 放宽港澳专业人才执业资质；允许港澳台及外籍工程技术专业人士考取我国相应执业资格；扩大港澳台及外籍专业技术人才参与本市职称评价范围 |
| 补齐发展短板 | 加强专业化国际人才引进；推进服务业标准化建设；塑造一批有国际影响力的会展品牌；引入一批国际化专业服务要素；建立健全专业服务领域法律责任体系；建立跨领域多资质的综合性专业服务机制 |
| 构建全球化服务网络 | 实施一批国际化综合服务平台项目；加快构建境外服务合作伙伴网络 |

## 二、香　　港

香港作为亚太地区首屈一指的专业服务中心，其专业服务业与金融业、旅游业以及贸易与物流业是香港的四大支柱产业。专业服务实力雄厚，具有世界一流水平，集聚了全球众多的专业服务机构与专业人才，香港专业服务的发展对于上海吸引全球专业服务机构、建设世界级的专业服务中心具有重要的借鉴意义。

## （一）自由经济制度奠定了香港专业服务中心的基础

香港能够成为亚太地区最重要的专业服务中心，与香港“自由港”的身份密不可分，也是香港“自由港”演化发展的自然结果。长期以来，香港堪称举世公认的“全球最自由经济体”。作为全球权威的经济自由度评价指标之一，美国传统基金会自 1995 年以来每年发布的“经济自由度指数（Index of Economic Freedom）”中，香港始终名列榜首①。香港坚持自由贸易政策，促进了香港转口贸易的形成，再加上香港的投资自由、人员进出自由，商务活动频繁，各种物流、资金流、人流、信息流在这里不断流入、流出、集聚与沉淀，也催生了对商务服务等各种专业服务业的巨大需求。香港的专业服务业主要包括法律服务、会计服务、审计服务、建筑及工程活动、技术测试及分析、科学研究及发展、管理及管理顾问活动、信息科技相关服务、广告及专门设计服务等各种类型。各种专业服务机构可以在香港获得最新的国际市场需求信息和专业服务技术信息，因此聚集了不少国外专业服务机构和专业人才。总之，香港能够成为全球最重要的专业服务业中心城市，根本原因是香港的自由经济制度。

---

① 由于受香港暴力事件的影响，在 2020 年的报告中，香港 25 年来首次被新加坡反超，位居第二。

## （二）完善开放的司法体系奠定了亚洲法律服务枢纽地位

专业服务业的发展，法律是支撑之一。香港拥有非常完善开放的司法体系，为专业服务机构与专业服务业的发展提供了优越的法治环境。香港的法律制度在国际上享有良好声誉，素来以可预测和稳定而闻名，在很多国际商业交易中被选用为适用法律。香港法律基础设施完善，拥有久经考验的普通法制、公开、透明和独立的司法机关，以及丰富的法律人才，已建立一个完善的商业案例法档案库，拥有制定合约自由以及严格的知识产权保护，这与专业服务业知识密集性强、所提供服务标准化程度低的特性恰好相匹配，因此为专业服务业发展提供了巨大的空间与良好的法治环境，吸引了海外和中国内地公司在香港开设及发展业务。2021 年 3 月 10 日，香港律政司司长郑若骅 10 日发表题为“为何香港不可被替代”的博客，强调香港得以成为国际法律枢纽，是建基于强大的根基，包括稳定的营商环境、资金自由流通、低税率及简单税制，最重要的还有稳健的法律制度，地位绝不可被取代。

不仅如此，香港向全球开放的司法体系，也奠定了其亚洲的国际法律服务枢纽地位。香港在法律服务领域，是面向全球开放的，外资律师事务所可以自由进入，并从事法律法务，是世界上司法体系最开放的地区，香港法律业以专业水平超卓著称。相关数据显示，截至 2016 年 2 月，香港有接近 1 万名律师与大律师在香港执业，有 857 家本地律师事务所以及 76 家外地事务所在香港运营，其中包括超过一半的全球百大律师事务所。不仅如此，在香港法律服务市场，外地律师占有重要位置，截至 2016 年 2 月，已有 32 家外地注册律师事务所（包括内地的律师所）与香港本地的律师所建立联营关系，同时也有超过半数注册的律师受聘于本地律师事务所，相互之间合作密切。

## （三）奉行国际通行规则，与国际接轨

除了自由经济制度与开放完善的司法体系外，香港能够成为亚太专业服务中心的一个重要原因是奉行国际通行规则与准则，国际化程度高。专业服务的标准化是专业服务能够规模化、高端化、国际化的前提条件。香港在会计审计准则、税制、金融监管、建筑设计等专业技术标准上，都奉行国际通行标准，为五大洲所认可。此外，香港专业服务业的专业化水平非常高，提倡专业精神，拥有国际网络与品牌优势、诚实与严谨的行业监管与国际专业标准，有利于推动并强化专业服务业守则以及行业监管的落实与规范，让行业朝着规范化、专业化的方向发展。实际上，香港一直是全球对外联系与国际化程度最强的城市之一，根据 GaWC 的全球城市连通性指数，香港属于 Alpha + 层级的城市，仅次于纽约、伦敦以及新加坡之后（见表 5 – 3）。

表 5 – 3　GaWC 的全球城市对外连通性（全球化指数）排名

| 层级 | 排名 | 城市 |
| --- | --- | --- |
| Alpha ++ | 1 | 伦敦 |
| | 2 | 纽约 |
| Alpha + | 3 | 新加坡 |
| | 4 | 香港 |
| | 5 | 巴黎 |
| | 6 | 北京 |
| | 7 | 东京 |
| | 8 | 迪拜 |
| | 9 | 上海 |

### （四）发挥独特地理区位与专业服务优势，积极参与内地合作

近些年来，香港能够在专业服务业上持续高速增长，与香港的重要桥梁中介独特地位密不可分。长期以来，香港始终都是外资企业进入中国内地的“跳板”。虽然内地经济已经不断融入世界，但专业服务业的开放并不充分，众多服务业跨国公司虽然对中国内地的广阔市场垂涎已久，但由于不熟悉或者对营商环境的担忧等其他原因，一般不会直接选择进入内地市场，而是选择香港作为据点，经营一段时间后再进入内地市场，因此香港成为全球众多专业服务机构的亚太区域或者大中华区的总部。同样，内地的专业服务机构选择到海外发展，也会选择香港作为“缓冲地”与“练兵场”，因此香港也成为内地企业与国际接轨、走向世界的重要平台。

此外，随着国内服务业开放的不断扩大，香港专业服务业也迎来了重要发展机遇。自 2004 年 1 月 1 日《内地与香港关于建立更紧密经贸关系的安排》（CEPA）实施以来，粤港在货物、服务贸易等其他领域的合作越来越紧密，而“一带一路”倡议以及粤港澳大湾区建设更是为发挥香港专业服务优势、吸引全球专业服务机构入驻，提供了重要战略机遇。

## 三、新加坡

### （一）良好的营商环境

新加坡一直以来以开放、多元、廉洁著称，被世界银行连续多年评为全球营商环境最优越的城市之一。在《世界银行营商环

境报告2020》中，这也是新加坡连续第四年在世界银行发布的营商环境报告中稳居第二名的位置，且正在逐步缩减和第一名的差距。而在经济自由度方面，根据美国传统基金会自1995年以来每年发布的“经济自由度指数（Index of Economic Freedom)”，新加坡在2020年首次超过香港，跃居榜首，成为全球经济自由度最高的经济体。宽松优越的营商环境成为吸引全球众多的跨国公司在新加坡设立区域或者全球总部的重要原因，这些公司将新加坡作为进入亚洲或者亚太市场的重要据点。

专业服务业主要为企业提供生产性服务，位于产业链的关键环节，对营商环境的要求与敏感度异常高。新加坡优越的营商环境使全球重要的专业服务企业，尤其是全球知名的专业服务跨国公司在新加坡不断集聚。据统计，目前大概有400家知名跨国公司的区域总部、办事处设立在新加坡，在世界500强企业中，接近有1/3的公司将其亚洲总部设立在这里，其中包括全球顶尖的战略咨询公司，如麦肯锡公司（McKinsey & Company)、波士顿咨询集团（The Boston Consulting Group）和贝恩公司（Bain & Company）均在新加坡设立亚洲总部。

## （二）亚洲知识中心与严格的产权保护

新加坡丰富的人才储备也对吸引企业在当地投资运营发挥了极为重要的作用，尤其是对专业服务业等创新型企业来说，新加坡更是进入潜力巨大的东南亚市场的重要门户。世界知识产权组织（WIPO）的2017年专利数据显示，新加坡的专利授权数量从2010年的每百万人口359件增长到2017年的543件，将其世界人均排名提升两位至第14位，领先于英国、澳大利亚、俄罗斯和中国等其他国家。

同样，对于像专业服务业这样的知识密集型产业，新加坡政府推出了健全的知识产权制度，其强有力的国内监管框架是吸引大量外国科技企业来新加坡发展的重要原因之一。新加坡经济发展局表示，该国已经成为企业知识产权资产管理的一站式中心，从知识产权的创造到对它的保护和利用，新加坡在一整套知识产权活动的各个环节上都可为企业增值。在《2011～2012 年全球竞争力报告》中，新加坡的法律和监管框架在全球排名第二，并称赞新加坡拥有亚洲最具保护性的知识产权制度，且新加坡的仲裁机构处理的国际案件数量从 2005 年到 2010 年增加了一倍多（SIAC 2011 年年度报告），保障了一个富有创新性但又安全的环境，并确保公司和机构在前沿研究上进行合作。

### （三）开放包容友好的人才发展环境

专业服务业发展的核心是人才，专业服务质量好坏取决于提供服务的人，吸引全球专业服务机构的本质是吸引全球专业服务人才。新加坡开放包容友好的人才发展环境，就像磁铁一样，吸引全球专业人才汇聚，奠定了新加坡成长为亚洲专业服务中心的重要基础。

新加坡拥有十分稳定的各种社会环境，是曾被联合国评为全世界最适合人类居住与工作的国家之一。新加坡无论在经济条件、投资经商、教育设施、生活生态环境及地理区位等方面都是出类拔萃的。

2020 年，盖洛普公布了最新的《全球法律与秩序报告》（2020 Global Law and Order report）。该报告根据全球 142 个国家和地区的居民反馈，基于居民自身的安全感，对全球各地的地点进行了排名，得分越高，意味着安全系数越高。新加坡连续 4 年以 97 分的高分排名第一。另外，根据商业环境风险情报公司（BERI）2014 年劳动力评估测量报告，新加坡的高生产力劳动力在世界上名列前茅；而根据世界经济论坛 2011 ~ 2012 年的全球竞争报告，新加坡是全球最佳工作场所。而在专业服务业领域，世界上最大的专业服务机构普华永道，利用新加坡受过良好教育人群、高技能的本地专业人士以及全球人才与行业专家库，成为新加坡最大的雇主之一。

### （四）政府政策的积极作为

新加坡能够吸引全球专业服务机构集聚、加快专业服务业的快速发展，除了有利的营商环境外，也离不开新加坡政府的积极作为与对专业服务业的大力扶持。2018 年，新加坡发布了专业服务产业转型路线图，重点是推动创新和发展专业技能咨询、会计、法律、广告和工程服务部门，提出要在 5 ~ 10 年内通过推动企业创新和政府与产业内部行业协会及专业组织的密切合作，将新加坡的专业服务产业建设成为全球市场领导者。根据这份路线图，新加坡专业服务产业将其在 2015 ~ 2020 年的年均增长率设定为 4.6%，年均新增就业目标设定为 5500 个新工作岗位，并且要在 2020 年完成附加值达到 310 亿新元（约合人民币 1506.2 亿元）的目标。新出台的专业服务产业转型路线图是一套综合性计划，将帮助产业内部企业扩大规模、进行创新并提高生产能力。同时，这套计划也将帮助新加坡劳动力接受培训，从而获得在数字产品开发、数据建模、风险投资顾问等激动人心的岗位上工作的机会。

## 四、迪　　拜

### （一）对外交通基础设施完善

迪拜能够成为中东乃至全球重要的专业服务业中心，与迪拜重要的地理位置与完善的对外交通基础设施密不可分。迪拜地处亚、非、欧三大洲交汇点，是东西方链接枢纽。由波罗的海交易所与中国新华社联合发布的2020年国际航运中心指数显示，迪拜排全球第五位。无论是在空运还是在海运方面的表现，迪拜全球转运枢纽的地位都不可小觑。总部位于迪拜的阿联酋航空公司，是当前全球国际旅客运量最大的航空公司。正在建设中的迪拜世界中心机场将成为世界上最大的机场，预计年客运量可达1.3亿人次。迪拜的港口距机场很近，集装箱从港口卸下后可直接运到机场装上飞机，如迪拜“物流走廊”是目前世界规模最大的海陆空枢纽之一，3小时之内可实现货物的转运和通航，且内设有独立的海关区域，并按照保税区的模式运作，保证了货物运输的无缝连接。港航基础设施的完善为频繁的商务旅行活动提供了重要便利，也奠定了迪拜吸引全球专业服务人才的基础。

## （二）重视智能基建提升商业环境

迪拜政府明确将基础设施建设作为公共投资的重点领域，致力于打造优秀的商业及投资环境吸引国际投资者。洛桑管理学院2020年发布的《世界竞争力年报》显示，阿联酋在全球排名第九，从2017年起已连续4年排名中东和北非地区第一。迪拜政府尤其重视智能基础设施建设，大力发展人工智能和数字经济，根据联合国一项政府智能服务评价指数，迪拜“电信基础设施”名列前茅。迪拜酋长颁布2020年1号法令，即成立迪拜智能局，致力于通过现代技术实现政府机构业务自动化，为企业和公众提供便利服务。迪拜政府媒体办公室开通“询问迪拜官员”平台，定期邀请迪拜政府高官在线就公共和媒体关心的问题答疑解惑，对改善政府服务和提升政府形象发挥了积极作用。智能基建离不开网络，据在宽带和移动网络测试分析方面处于领先水平的Ookla

公司测算，阿联酋电信是2020年全球最快的移动网络运营商，其光纤入户率连续3年位居世界第一，政府通过提高企业和消费者的网络速度，从而提高该国的企业生产力，推动数字经济领域发展。智能基建为数字经济时代专业服务业公司的数字化转型提供了重要保障与环境支持。

### （三）经济政策自由开放

迪拜拥有开放和自由的经济体制，这是迪拜能够吸引全球专业服务机构的最关键变量。开放的经济政策、极少的政府管制在吸引外国直接投资方面发挥了重要作用。2020年，迪拜政府对《商业公司法》进行了重大调整，允许外资拥有在岸公司100%所有权，废除商业公司必须由阿联酋公民作为主要股东的要求，且不再需要阿联酋公民或本地公司作为注册代理（石油和天然气、公用事业、运输等特定行业除外）。这是商业所有权制度的重大改革，有助于营造更加开放的经济和有利的营商环境。此外，迪拜无个税和企业所得税，自贸区没有外汇管制，对园区企业资金和利润的汇出不设限制，许多企业因其优惠的税收和外汇政策而更愿意将资金留在迪拜。

### （四）设立功能各异的自由区

从第三章的分析可知，迪拜是众多专业服务业跨国公司的高能级总部的集聚地，这与迪拜功能各异且具有重要优惠措施的自由区存在很大的关联。迪拜为改善国内经济环境吸引外商投资、促进经济产业结构转型，设立了30多个自由贸易区，包括杰贝·阿里自由区、迪拜机场自由区、迪拜五金城等。自由区向投资者提供了众多优惠鼓励措施：外资可100%独资，不受阿联酋公司法中规定的外资49%，内资51%条款的限制；外国公司享受15年免除所得税，期满后可再延长15年的免税期；资本和利润可自由汇出，不受任何限制；无个人所得税；进口完全免税；货币可自由兑换，不受限制；无烦琐的官僚办事程序；注册手续简便，不会产生问题；自由区内有现代化的高效通讯设施；有较好的基础设施；能源供应充足；优美宜人的居住与工作环境。尽管疫情影响了全球商业环境，但根据相关数据，2020年上半年阿布扎比机场自由区注册企业数量比同期增长109%，其中大部分企业来自航空、电子商务、广告、管理咨询和医疗保健领域。注册企业数量逆势增长，反映出迪拜自由区对投资者的持续吸引力和其在全球领先的中心地位。

## 五、对上海吸引全球专业服务机构的经验启示

### （一）加强专业服务业的对外开放是前提保证

从前面几座全球重要的专业服务业中心城市吸引全球专业服务机构的经验来看，无论是香港这样的传统专业服务业中心城市，还是新兴崛起的新加坡、迪拜、香港以及与上海处于同等发展层级的北京，专业服务业的全方位对外开放是吸引全球专业服务机构、打造全球专业服务中心城市的根本前提。以香港、新加坡、迪拜为例，这些城市均是全球范围内集聚专业服务机构的国家级总部与洲级总部最多的城市，也是全球最重要的自由港或自由岛，从这些城市的发展历程可知，经济政策的自由开放是这些城市能够发展成为全球重要的专业服务中心的最根本原因。而对于北京而言，作为全国首个服务业对外开放综合试点城市，专业服务业对外开放是北京服务业扩大开放综合试点示范区建设的重要内容，

出台了一系列政策并落地取得了实效。

上海当前虽然有自贸区的优惠政策加持，也在专业服务领域的扩大开放进行了一定探索，但开放步伐并不大，不仅与香港、新加坡、迪拜差距甚远，而且与北京也存在一定差距。上海要吸引全球专业服务机构，打造全球专业服务中心城市，虽然不可能实行像香港、新加坡这样完全自由经济制度，但至少在上海自由贸易区内可以与香港、新加坡或者迪拜对标，待时机成熟就可以向区外推广。

总之，要全面加强专业服务业的对外开放，让全球专业服务机构与服务人才“进得来、愿意来”。

## （二）塑造与国际接轨的优质软硬营商环境是关键根本

专业服务业不同于一般的制造业，具有高知识性与高互动性，所提供服务形式多样、内容复杂，而且涉及大量人员往来，需要多个方面的配套协调，因此对营商环境异常敏感，要求较高。而吸引全球专业服务机构，更涉及全球范围内的知识与人员流动，更需要与国际相接轨的服务标准与优质软硬营商环境。

从前面的香港、新加坡、迪拜以及北京的具体案例分析来看，香港、新加坡都是全球优质营商环境的典范城市，无论是专业服务业的标准规则国际接轨方面，还是知识产权保护、人才执业环境方面都是全球首屈一指的。而迪拜与北京，虽然在营商环境方面与香港、新加坡相比存在一定差距，但近些年也在持续不断优化，如迪拜在不断完善对外交通基础设施，同时高度重视智能基建提升商业环境。

上海要进一步集聚全球专业服务机构、提升专业服务机构能级，必须持续优化营商环境，无论是在硬件方面的对外交通联系或人员跨境往来，还是在加强知识产权保护、改善专业服务人才的居住与执业环境等方面，都应该以香港、新加坡、迪拜等全球专业服务中心城市为参照持续优化，不断改善上海专业服务业的整体营商环境。

总之，塑造与国际接轨的优质软硬营商环境是关键根本，让全球专业服务机构与服务人才“既要愿意来，还要留得住”。

### （三）发挥政府产业政策的支持作用是重要抓手

产业政策是加快产业发展的助推器，要提升专业服务业的发展水平，吸引全球专业服务机构集聚，产业政策的推动与促进作用必不可少。专业服务业是一种门槛相对较高、具有明显寡头垄断与知识循环累积效应的行业，要促进专业服务业要素集聚、重塑要素集聚的原有空间格局，必须发挥产业政策的积极作用。

在前述四个案例中，除了香港这一自发形成的专业服务中心外，其他三个城市在吸引专业服务机构与发展专业服务业的过程中，政府在其中所起的作用均非常关键，可以说政府产业政策的积极有为是重要的推动力量。例如，2018 年新加坡政府就发布了专业服务产业转型路线图，重点是推动创新和发展专业技能咨询、会计、法律、广告和工程服务部门，提出要在 5 ~ 10 年内通过推动企业创新和政府与产业内部行业协会及专业组织的密切合作，将新加坡的专业服务产业建设成为全球市场的领导者。再如，北京在推动专业服务业扩大开放的过程中，将专业服务业作为服务业开放中的一个重要特殊领域，上升至战略高度单独谋划，并先后出台了一系列专门性的突破举措。

上海要加快吸引全球专业服务机构步伐，提升集聚的专业服务机构能级，改变现有的全球范围内的专业服务机构分布格局，必须以发挥政府产业政策的推动作用为重要抓手，完全依靠市场力量的自发集聚短期内难以取得效果。要以新加坡与北京为样板，首先，从战略高度上重视专业服务业的发展与全球专业服务机构的集聚，将专业服务业开放作为服务业开放中的一个重要但又特殊的领域，在市级层面进行单独谋划。其次，要改变现有的产业政策样式单一、仅仅提供资金支持或奖励的设计思路。要根据专业服务业的本身特性与自身需求，推出一些有专门针对性的、能够解决实际经营痛点的有效措施。最后，要注意产业政策的覆盖面。产业政策是为了推动行业整体的发展而推出的，为行业内所有企业准备的，不是少数头部企业的专属，要避免造成行业内的不公平。

总之，要发挥政府产业政策的支持与促进作用，让全球专业服务机构在上海“不仅要留得住，还要发展得好”。

上海吸引全球专业服务机构与专业服务业高质量发展
Chapter 6

# 第六章 打造全球专业服务创新与开放前沿的主要思路与关键着力点

本章将在前面总结的上海吸引全球专业服务机构的政策短板的基础上，结合上海的实际情况以及国内外主要城市的相应经验，主要从变革监管、深化开放、要素协同、创新供给以及完善配套五个方面，提出将上海打造成为全球专业服务业创新与开放前沿的主要思路以及相应的关键着力点。

## 一、变革监管，健全与高水平服务业发展相适应的组织机制

### （一）探索适应产业融合发展的体制机制

探索适应产业融合发展的新型监管机制。破除“依条线”“依职能”管理的监管方式，完善适应产业融合发展的新型监管机制。

建立创新高效协同的两业融合工作推进机制。依托服务业领导小组机制，建立统筹工作机制，针对服务业发展过程中新业态所面临的共性问题，打通服务业条线发展壁垒，破解产业融合过程中面临的共性问题。

优化两业融合发展环境。清理制约两业融合发展的规章、规范性文件和其他政策措施。放宽市场准入，深化资质、认证认可管理体制改革。

### （二）创新市区两级激励机制

适当调整市区分权体制支持产业发展。借鉴深圳、杭州等城市集中市级资源支持招商的经验，适当调整市区分权体制，加强财税、土地等招商资源统筹，加大市级资源对产业招商的支持力

度，增强产业发展后劲。

## （三）完善适应地区协同发展的体制机制

制定跨区域的标准和规范，深化“互联网+”政务服务。利用“互联网+”建立一体化数字政务系统，促进各地政府联动，把跨区域的业务办理纳入统一机制，实现跨区域办理“零见面”，提高企业异地办理效率，降低区域制度性交易成本。

建立跨区域信息平台实现信息共享，助力市场监管协同。推动“互联网+监管”，建立跨区域的企业信用、食品安全、电子商务、金融投资、环保等企业产业信息，以及经营行为、商业活动市场信息数据库。继续建设“互联网+审批”平台，在横向上打通各城市各部门数据接口，实现审批流程的跨区域实时更新，提升监管效率，塑造透明公正的市场监管环境。

推动产业要素跨区域互通和优化配置。依托长三角数据海量、场景丰富、市场巨大等优势，联动长三角要素资源共同打造制度创新高地、开展科技创新、促进金融服务一体化、加强对外投资合作、推进数据互联互通、实现要素的跨区域互通和优化配置。

探索跨区域服务业布局新模式。探索异地养老产业布局，统筹规划长三角养老产业。建立跨区域文旅休闲产业协调发展机制，统筹区域文化旅游休闲资源，加强文旅休闲产业创新融合，培育壮大文旅、休疗养等产业。

推进跨区域科创服务协同发展。以长三角区域创新网络为依托，引导科创服务业沿区域创新链布局，打造G60科技服务走廊，初步形成资源共享、集群发展新格局。

### （四）营造对新经济包容审慎的监管环境

为数字经济新业态发展构建公平竞争、包容审慎的监管模式，加快打造审批事项最优、办事效率最高、创新创业活力最强的营商环境。

推进数字生活服务领域“一照多址”改革。针对数字生活服务企业特点，对经营范围中不含有行政许可事项的企业，允许其“一照多址”，目前在本区内可自主办理“一照多址”备案手续的基础上，探索在中心城区利用“一网通办”手段，试点开展企业可跨区办理“一照多址”备案手续，打破登记注册地域管辖限制。

完善新就业形态的用工和社保制度。鼓励科技企业和传统企业结对探索灵活用工模式，探索研究新用工模式下职业伤害保障制度，加快建设“网上社保”，为从业者参保及转移接续提供便利。

支持数字娱乐新业态健康发展。支持运营商与初创企业共同建设开放的云游戏发行平台，开展更有效的数字产权保护和内容监管，促进一批原创精品的云游戏内容制作和发布，推动云游戏新业态的健康发展。

## 二、深化开放，完善与全球服务贸易与投资便利化相符合的制度体系

### （一）放宽准入限制，推行重点领域开放先行先试

分类放宽服务业准入限制。加快取消充分竞争性服务业准入限制，大幅减少教育、医疗、体育、市政等公共服务领域有限竞

争性服务业准入限制。

优化互联网教育培训机构准入管理。加快批准设置一批互联网教育培训机构，对文化教育类线上培训机构准入实行备案制，取消或调整场地面积、消防安全、食品安全、设施设备等主要针对线下办学的条件要求；对非政府补贴营利性职业技术类的教育移动互联网应用企业，直接向市场监管部门申请，材料齐全符合法定形式即可办理登记注册。

推动境外机构投资便利化细则出台。金融领域，积极落实央行、国家外汇管理局关于《外机构投资者境内证券期货投资资金管理规定》，加快推动相关实施细则出台。

重点区域率先突破门槛。在自贸试验区和临港新片区争取在保留管理措施前提下实施部分禁止领域开放和取消部分领域外资准入限制。依托自贸区对外开放契机在教育、医疗、金融等领域积极向国家争取一批政策。

## （二）破除行政壁垒，清理不合理的经营限制条件

破除外商隐性壁垒，落实外资企业负面清单外的国民待遇。针对外资企业反映的审批流程长、申报手续复杂等门槛，未来可以适当减少针对禁止外资企业进入中国市场的壁垒和限制条件，优化审批流程，积极推进行政审批制度的改革，明确许可条件、程序和申请材料等规定，为外资申请审批提供明确的法律依据，将部分业务的审批制度改为备案制。

清理不合理的限制条件。大幅放宽对市场主体投资经营活动的资质、股比、注册资金、从业人员、营业场所、经营范围等要求。

建立公开透明的审批程序。对于确需保留的准入审批事项，加快推进规范化、标准化管理，简化审批流程，取消一批不合理

的前置条件。加快推进服务业企业经营许可事项“证照分离”改革。

拓展互联网医院业务许可范围。通过建立统一标准和互联互通，推动互联网诊疗复诊服务范围从只针对本院首诊，扩大到在医联体或专科联盟内的医院可跨院互认首诊病人。批准独立设置一批互联网医院，支持民营大健康产业发展。优化“互联网＋诊疗”服务收费标准，引导扩大线上优质医疗资源供给能力。依托长三角一体化示范区有关医院，建设长三角互联网医院。

优化新型数字化医疗器械审批程序并推进临床应用。对由上海市进行审批的国产第二类医疗器械（含医用软件），进一步优化审批服务，加快推动一批影像处理、数据处理、体外诊断类软件及医疗服务机器人等创新产品注册上市。争取新一轮全面创新改革试验授权，探索优化采用人工智能新技术的医用软件审批程序。

## （三）深化制度开放，建立符合国际惯例的管理规则

制定符合国际通行做法的管理制度。对于外资企业在网络问题、跨境资金调拨等问题，建议以国际通用做法为标准，研究可在全球通行的网络、外汇、出入境管理政策，提高外资企业日常经营的便利度，优化外资企业的发展环境。

引进国际机构提升参与全球经济治理能力。争取中央支持，将引进国际机构和组织作为上海建设国际大都市和参与全球经济治理的重大举措。

创新国际人才吸引机制。推广实施科技研发合伙制，吸引美国、欧洲实验室人才回归。高等教育领域的对外开放进一步突破，让更多的海外高校到上海来办学，逐步把国外实验室和高科技人才引进来，打破美国、欧盟对中国高科技合作交流人才封锁。

## 三、要素协同，凝聚与高水平服务业发展需求相适应的要素配置合力

### （一）推动土地要素高效支撑潜力

鼓励探索混合产业用地模式。适应产业创新跨界融合发展趋势，鼓励发展产业综合体和产业创新体，支持土地复合混合开发利用。

调整完善产业用地政策，简化土地用途分类。简化土地用途分类，将混合用地作为工业用地的新常态，探索增加混合产业用地供给。

建立宽松灵活的产业空间管理机制，提高土地资源配置效能。强化空间集约利用，提高容积率上限。促进“产业上楼”，根据服务业态实际需求适当提高配套设施比例。

强化对两业融合发展的用地保障。鼓励地方创新用地供给，盘活闲置土地和城镇低效用地，实行长期租赁、先租后让、租让结合等供应方式，保障两业融合发展用地需求。

加强对社会性服务业的用地保障。各类市场主体按照市场规则和市场价格依法平等使用和交易建设用地使用权，加强对物流、仓储、养老、托育等具有社会功能的服务业用地保障。

### （二）挖掘人才要素集聚厚植动力

优化高层次人才开发支持政策来培育人才。加强服务业领军人才培养，实施“超级博士后”等激励计划，激发青年人才创新创造活力。发挥领军人物重要作用，加快培养引进中高级经营管

理、技术技能人才。

加强两业融合人力资源保障。改革完善人才管理评价制度，探索建立复合型人才评价和职业发展通道体系。完善学科专业体系，深化职业教育改革，深入推进产教融合，提升校企合作水平，建设一批产教融合型企业和实训基地。

推出人才服务便利化举措。设立海外人才引进目录，放宽引进标准。畅通海外科学家来华工作通道。在人员出入境、外籍人才永久居留、外国人工作许可等方面实施更加开放便利的政策措施。

实施税收优惠集聚人才。借鉴粤港澳大湾区做法，对在上海工作的境外高端人才和紧缺人才实施15%的个税税负差额补贴标准。

推动实现跨区域人才互认。调整完善积分落户政策，探索推动在长三角区域实现户籍准入年限同城化累计互认。

完善服务业领域人才职称评定制度。以职业能力为核心制定评价标准，畅通劳动力流动渠道，打破所有制、职称、编制身份等隐性分割，推行社会化职称评审。探索实现职业技能等级证书和学历证书互通衔接。

### （三）强化资金要素资源配置能力

增加针对优质服务业企业的金融服务供给。支持服务业优质企业在主板、科创板上市，鼓励企业发行债券、短期融资券、中期票据等。增加服务小微企业和民营企业的金融服务供给。

鼓励金融机构开发适应服务业特点的金融产品和服务。进一步创新金融服务产品，推进投贷联动试点，建立知识产权质押信息平台，扩大知识产权质押融资规模，推动著作权、专利权、商标权等无形资产融资租赁业务。

加大两业融合金融支持。鼓励金融机构向两业融合发展企业和项目提供中长期融资，稳妥开展并购贷款业务，积极支持开展供应链金融服务。

主动有序扩大金融业对外开放。稳步推进人民币国际化和人民币资本项目可兑换。逐步推进证券、基金行业对内对外双向开放，有序推进期货市场对外开放。逐步放宽外资金融机构准入条件。

## （四）加强技术要素创新赋能活力

加强国际创新开放合作。组织实施国际科技创新合作重点专项，探索国际科技创新合作新模式。

强化知识产权保护和运用。健全知识产权保护体系，优化执法机构职能。健全职务科技成果产权制度。

培育发展技术转移机构和技术经理人。加强国家技术转移区域中心建设。建立国家技术转移人才培养体系，提高技术转移专业服务能力。

积极推进科研院所分类改革。探索科研院所法人化改革，借鉴日本经验，深化科研院所改革，赋予科研院所法人资格。

加大对企业创新的普惠性支持政策。鼓励有条件的区对科技型中小企业按25%研发费用税前加计扣除标准给予奖补。

## （五）培育数据要素开放共享引力

进一步加大公共数据开放及创新应用力度。推动政府数据开放共享，鼓励企业融合公共数据和自有数据，开发数据服务和产品，推进“一网通办”“一网统管”领域应用创新。

推进政府信息化建设运营体系整合并向社会进一步开放。探索建立更加市场化、专业化的政府信息化运维服务体系，进一步加强数据安全，推动政府投资信息化项目的建设运营进一步向社会开放。推动完善适用于大数据环境下的数据分类分级安全保护制度。

引导培育大数据交易市场，依法合规开展数据交易。鼓励要素交易平台与各类金融机构、中介机构合作，形成涵盖产权界定、价格评估、流转交易、担保、保险等业务的综合服务体系。

通过新技术应用加快催生新业态新模式。发挥社会数据资源价值，培育数字经济新产业、新业态和新模式。

## 四、创新供给，构建与高水平服务业及企业主体发展相适应的政策环境

### （一）创新应用场景供给制度

充分发挥上海海量数据、丰富场景的优势吸引企业。例如，上海三甲医院丰富，利用临床医疗资源场景引导药企落沪。加快应用场景建设和数据开放，通过新技术应用加快催生新业态新模式。支持企业在沪全球首发技术创新、产品创新、应用创新，推出一批具有国内外影响力、能够产生示范效应的深度应用场景，吸引知名企业、高校、科研院所开展场景技术开发应用，促进新产业成长。

以“揭榜挂帅”形式，聚焦互联网医疗、在线教育、数字内容、智能制造、数字商贸、智能物流、数字生活服务、社会治理、数字养老服务等行业，加快建设一批显著改善生产制造方式或社会服务模式的示范应用。

## （二）打造新兴服务消费环境

打造上海数字产品优质品牌，进一步倡导新消费模式，繁荣数字消费。推出一批数字消费“上海品牌”。结合“四大品牌”建设工作，支持上海市具有国内领先、国际一流水平的数字产品和服务申请“上海品牌”认证。

倡导公共科普文体新消费模式。支持一批上海市科普场馆、公园、剧场、体育馆等场所，面向社会公众免费发放电子使用券。鼓励发放长三角通用共享的科普文体电子票券。

## （三）营造主体近悦远来的支撑环境

进一步创新支持方式，解决数字经济企业遇到的“融资难”、人才引进通道不畅等问题，培育若干高成长性龙头企业。

实施新兴企业量级“跃迁计划”。紧紧抓住疫情对新兴经济发展的催发作用，在生物医药、人工智能、集成电路、数字内容等领域，采取“一企一策、聚焦支持、综合服务、动态调整”政策定制方式，企业量级实现跃迁。

优化数字经济企业总部认定标准。优化上海市民营企业总部认定标准，补充完善针对数字经济企业总部的市值、专利、人才等认定标准，支持数字经济领域企业总部、功能型总部、研发中心落户上海。

优化专项资金对新兴服务企业的评价标准。根据数字经济等新经济企业特点，优化调整服务业引导资金等相关专项资金申报条件，不再将净资产为负作为申报限制要求，而采用资产负债、现金流、营收情况等综合指标评价新兴企业财务状况。

积极引进数字经济优秀人才。通过居住证积分、居转户和直接落户等梯度化引才政策，大力引进数字经济优秀人才。符合条件的数字经济企业经市战新办推荐后可纳入人才引进重点支持范围。

## 五、完善配套，构建与高水平服务业发展特点相适应的保障措施

### （一）法律保障

加快建立健全与服务业改革开放发展相适应的法律法规体系，确保放宽准入、加强监管等工作有法可依。法律法规不完备的，要加快行业管理相关立法进程。加大对服务业领域知识产权保护力度，依法处理和查办服务业领域产权纠纷、侵犯知识产权等案件。加快推进外商投资法地方立法。

### （二）风险防控

建立健全风险评估机制。在放宽服务业行业准入限制前，对可能产生的风险进行评估。对可能产生系统性风险的服务业行业，定期进行压力测试。

创新敏感领域安全管理机制。加强对涉及关键技术、平台安全、数据安全和个人隐私安全服务贸易的综合监管。对教育、文化、传媒等涉及意识形态安全的领域，有针对性地开展内容审核。对医疗、卫生等可能影响公共安全的领域，加强全流程监管并鼓励社会监督。加强金融风险防范，配合国家金融管理部门加强金融市场运行监测分析。

优化境外机构金融投资项下汇率风险管理。探索“沙箱”监

管机制，进一步加大金融开放风险压力测试；建立金融稳定评估系统，编制金融稳定指数，搭建金融风险信息共享平台。

## （三）统计机制

进一步明确新兴业态统计口径。完善新经济统计监测制度，加快制定创意产业、在线经济、流量经济、宅家经济、无人经济等新兴产业统计体系及统计制度，定期跟踪监测产业发展形势。

加强对产业的大数据监测。综合海关、统计、税务、商务等相关数据库，动态监测重点企业的主要指标，加强预测预警。对产业监测各类数据建立即时对接平台、学习交流平台等。

建立上海服务经济高质量发展评价体系。把握制造业服务化的全球产业发展趋势，融入全球创新链、产业链、价值链融合的新型分工体系，服务业发展实现产业结构转换向产业能级提升、产业高质量发展内涵转变。在产业辐射力、影响力、改造力等方面研究制定新时期服务业发展指标体系，建立健全上海服务经济均衡发展、高质量发展的评价框架和体系。

## （四）标准制定

重要服务领域品牌标准取得突破。在金融、会展、物流、工业设计等生产性服务业和教育、医疗、养老、旅游等生活性服务业领域推动标准制定工作，树立一批具有标杆性的高端服务品牌，引领服务业整体品质提升。

创新服务质量治理，鼓励企业、行业组织实现服务标准化。支持行业协会等社会组织通过制定实施团体标准加强行业自律、监督和管理。强化服务业质量标准实施，探索实施企业服务标准自我声明公开制度，推进服务业标准化示范试点建设。

提升上海标准的影响力与知名度。结合“上海品牌”认证工作，在涉外法律、人力资源等领域推出一批打得响的专业服务品牌。依托协会组织等机构引进国际标准化资源。依托“上海品牌”工作，建立统一的“标准”内涵、形式和载体，形成统一整体的“上海服务标准”形象。

上海吸引全球专业服务
机构与专业服务业
高质量发展
Chapter 7

# 第七章　加快上海吸引全球专业服务机构，推进专业服务高质量发展的具体举措

为贯彻落实习近平总书记于2018年11月在上海考察时提出的有关“上海增强配置全球资源能力”的重要讲话精神，积极推进国务院与商务部印发的《上海市服务业扩大开放综合试点总体方案》（商资发2021年第63号），按照上海市服务业扩大开放综合试点与《上海市服务业发展“十四五”规划》（沪府办发〔2021〕7号）的统筹部署，服务新时期上海“全球资源配置中心”的总体建设目标，对标国际一流标准，加快上海吸引全球专业服务机构、提升上海专业服务业的整体发展水平，必须紧抓2021年初国务院将上海新增为服务业扩大开放综合试点城市的重要机遇与总体要求，从以下几个方面找准着力点与落实配套措施。

## 一、降低市场准入与经营限制，扩大专业服务业重点领域开放合作

### （一）探索法律服务领域的扩大开放

**（1）将2014年上海自贸区试点中外律师事务所“互派”和“联营”的做法推广到上海全域。**按照稳妥、渐进、可控的原则，积极有序推进法律服务领域的开放与对外合作。取消至少有一方要在上海自贸区内设立机构、排他性的联营合作关系（一家中国或者外国律所只能与一家外国或者中国律所进行联营）的基本条件限制。

**（2）推广国内律师事务所聘请外籍律师担任外国法律顾问试点。**将申请主体条件由特殊普通合伙制律所扩大到在沪的所有普通合伙制律所，降低参与试点的外籍律师在境外从事律师职业不少于3年的资质要求，适当降低年限，探索合理提高聘用外籍人

员比例。

**（3）大胆积极探索密切中国律师事务所与外国及港澳台地区律师事务所业务合作的方式与机制。**进一步缩减外商投资负面清单，在自贸区内稳妥尝试推进中外合资法律事务所的试点工作，但需要对外籍合伙人的占比进行一定限制；在民商事领域逐步扩大开放，逐步放开中国律师不能处理外国法律事务、外国律师不能处理中国法律事务的隔离限制，满足“一站式”跨境法律服务的需求。

## （二）继续放宽其他专业服务领域的限制与认证条件

**（1）进一步扩大会计审计领域的对外开放。**探索取消特殊普通合伙会计师事务所首席合伙人必须具有中国国籍的要求，逐步全面取消会计审计领域外资机构与外国从业人员的准入资质限制，实行内外一致原则。

**（2）取消外商投资人力资源服务机构的条件限制。**降低或者取消中外合资（合作）经营性人力资源服务机构外资出资比例限制，支持在本市全域内设立外商独资经营性人力资源服务机构。制定鼓励支持设立外资人力资源服务机构的政策文件，对总部在本市登记注册的国际知名猎头机构给予政策支持，引导行业龙头企业在中国上海人力资源服务产业园区集聚。

**（3）全面放开建筑与工程设计领域的外资准入资质限制。**落实工程设计领域外资准入限制全面开放政策，实现外商投资企业申请建设工程勘察资质的审批标准与内资企业一致，配合住房城乡建设部开展新一轮设计资质标准修订工作，进一步降低外资设计企业申请资质门槛。

**（4）取消外商投资认证机构与投资性公司的限制性条件。**在外商投资认证机构的投资方条件限制方面，取消外商投资企业取得认证机构资质需要外方投资者取得其所在国家或者地区认可机构的认可，且具有 3 年以上从事认证活动的业务经历的要求。放宽外商设立投资性公司申请条件，降低申请前一年外国投资者资产总额的数量要求，并取消对外国投资者在中国境内已设立外商投资企业的数量要求。

## （三）探索建立专业服务国际联合体

**（1）探索推进沪港澳专业服务机构共建。**在会计审计、管理咨询、争议解决服务、知识产权、建筑设计等专业服务重点领域，以港澳地区为突破口，先行先试，在专业研讨、互派人员培训、业务合作等方面探索推进沪港澳专业服务机构共建，建立港澳地区专业人士来沪执业对接服务机制，共同推出一批合作共建清单与典型领域。

**（2）以联合体方式加强专业服务机构国际合作。**率先在工程、建筑设计领域进行尝试，支持以联合体方式开展专业服务，吸引优秀境外设计团队采取与中方设计企业组成联合体的方式进行项目投标、参与上海城市设计，让境外企业熟悉了解中国市场，以此推进境外知名建筑与设计公司落户上海。

**（3）建立跨领域多资质的综合性专业服务机制。**培育以单独或联合模式提供全过程、全链条、跨领域的综合性专业服务机构，为上海、全国、全球企业提供全方位、全流程、高质量的解决方案，打造专业服务生态链。

## 二、推动职业资质互认，为专业服务人才来沪工作提供通道与便利

### （一）放宽专业服务人才执业资质认可

**（1）制定国际通行的职业资格认可清单。**按照“分类有序、先易后难、分步实施”的基本原则，全面梳理境外含金量高的职业资格，通过国内外职业资格的比较研究，结合上海各专业领域的特点，以港澳起步、辐射全球为发展方向，各行业主管部门结合本行业现状及行业特点，制定境外国际通行职业资格认可清单，建立动态调整机制，出台境外专业人才执业管理规定。

**（2）以 RECP 为契机探索专业服务资质国际互认。**紧抓区域全面经济伙伴关系协定（RCEP）中提出的“互认专业资格并便利许可登记”的政策契机，与缔约方相关协会和机构加快在金融、建筑设计、规划等领域积极探索放宽资质认可、资格考试、执业许可等内容，强化对国际人才的吸引力度。

**（3）推行沪港澳“一试三证”评价模式。**在上海与港澳之间探索推行一次考试可获得国家职业资格认证、港澳认证、国际认证的“一试三证”评价模式，港澳专业人士在港澳从业经历可视同内地从业经历，推动上海与港澳专业服务人员跨境便利执业。

**（4）为具有境外职业资格的专业人才来沪执业开辟通道。**赋予上海在国家有关部门指导下制定境外专业人才执业管理规定权限，明确职业条件、业务范围等，以港澳为突破口，研究制定金融、建筑、规划等专业服务的领域境外专业人才执业管理办法（国家法律法规暂不允许的除外），允许具有经国家认可

的境外职业资格的专业人才，经相关部门或机构备案后，按规定范围为本市企业提供专业服务，其在境外的从业经历可视同国内从业经历。

### （二）支持境外专业服务人士考取我国相应执业资格并在沪注册执业

**（1）坚持不影响国家安全前提下的全面放开原则。**除法律职业资格考试外，不断放宽执业资格考试对境外专业人才的限制，除涉及国家主权、安全外，允许在沪合法工作的境外人士，按规定申请参加我国相关专业技术类职业资格考试，全面实现内外一致原则。

**（2）放宽向境外人员开放的职业资格考试目录范围与限制条件。**将2020年制定的中国（上海）自由贸易试验区临港新片区首批对境外人士开放专业技术类职业资格考试目录范围，由当前的3种类型考试拓宽到更大范围，要包括金融、会计、经济、建筑等主要领域的常见职业资格考试，及时更新调整目录清单并向社会发布；同时取消考试人员工作区域必须在自贸区与临港新片区的限制性条件。

**（3）保障通过职业资格考试的境外人员在职业资格与认可上享有同等权利与待遇。**通过职业资格考试，或者技能认证的境外人员，在规定的专业服务范围和有效期限内与市内同类专业人员具有同等权利，境外人员通过考试取得的职业资格证书是表明其从事相应职业所必备的学识和能力的证明，在上海市全域内有效，提供需要加盖国内执业印章的专业服务时，在沪相关主管部门应当予以认可，直接为市内企业和居民提供专业服务时应遵守相关规定等。

### （三）支持境外专业技术人才参与本市职称评价

**（1）扩大境外专业技术人才参与本市职称评价范围。**除港澳台人才外，将职称评价范围扩大至所有持外国人来华工作许可证的外籍人才，允许取得来华工作许可证的外籍人士申报本市职称考试或职称评审，进一步打破国籍、身份限制，将港澳台人才及持有外国人来华工作许可证的外籍人才纳入本市职称评价范围，可按要求申报本市职称考试和评审。

**（2）放宽高层次专业服务人才评审职称的限制条件。**对引进的海外高层次人才和急需紧缺人才，要放宽资历、年限等条件限制，海外高层次人才在外国的专业工作经历、学术或专业技术贡献和技术学术职务，可作为评审职称的依据，完善评价“直通车”和“绿色通道”制度。

**（3）加大对中等层次专业技术境外人才职称评定的支持力度。**要根据上海市 2019 年出台的《上海市分类推进人才评价机制改革的实施方案》总体改革要求，根据上海市境外专业技术人才的特点，结合上海经济社会发展需求，制定境外专业技术人才参与本市职称评定的细则与办法，注重做好适用于更大范围的中等层次专业技术境外人才的职称评定办法，形成有效可行的统一操作机制，吸引更多专业技术服务人才来沪就业与发展。

## 三、补足配套机制短板，优化全球专业服务机构营商环境

### （一）深化“放管服”改革，降低全球专业服务机构进入壁垒

**（1）坚决全面清理负面清单之外的外资准入限制措施，真正**

**落实“非禁即入”**。虽然最新的2020年版的外资准入负面清单不断压缩，外商禁止进入的行业与领域越来越少，但并不意味着外资就能顺利进入中国市场，在各领域、各层级依然大量存在负面清单之外的外资准入限制措施。而在专业服务业当中，由于牵涉境外专业服务人员的流入，上述问题显得尤其突出。要指定专门部门，汇总专业服务业领域的清理清单，划定明确的最后清理时间期限，由各相关主管部门协同配合，坚决打破各样的“玻璃门、旋转门、弹簧门”，全面清理现行有效的法规、规章和规范性文件，废止、修改与外商投资法不符的、不衔接的规定，真正做到“非禁即入”。

**（2）分类再造审批流程，破解“准入不准营”难题**。针对外资市场主体准入准营衔接不畅，审批环节多、来回跑、效率不高等问题，推行“简易事项准入即准营、一般事项承诺即准营、复杂事项一证即准营”三项改革，系统集成破解准入不准营难题，实现市场主体“准入快、准营易”。对申报材料简单、不需要现场审查的事项，实行“准入即准营”改革；对通过事中事后监管能够纠正不符合审批条件行为的行政审批事项，实行“事前定标准、审批重承诺、事后强监管”，推行“告知承诺制”改革；对办理频次高、审批环节多、资格条件要求相对较高的涉及多个部门的审批服务事项，实行行业综合许可，在自贸区内探索“一证即准营”改革。总之，要通过对涉企审批事项进行全覆盖梳理，简并申报材料，再造审批流程，打通准入环节，让材料在部门内部流转、群众少跑路，实现政务服务100%网上可预约，90%分类一窗办，70%全程网办的目标。总之，要持续营造国际化、市场化、法治化营商环境，上海市整体全域的外商投资便利化度向自贸区看齐。

**（3）以政策透明度，提升营商环境**。坚持“以公开为常态、不公开为例外”的原则，及时对出台的优化外商投资营商环境的政策措施进行跟进解读，准确传递权威信息和政策意图，并向外资企业与境外人士精准推送各类准入、优惠政策信息，提高政策可及性。坚持政策调整的整体方向不变，加强政策的稳定性与预期性，并对政策的调整与变动及时进行公示与说明。对于市场主体关注的重点难点问题，要及时研究解决，回应社会关切，合理引导预期，针对新出台的重要政策，要邀请相关主管部门的负责人，组成“政策宣讲团”，开设“政策大讲堂”，到企业、媒体进行宣讲。对已经落户的全球专业服务机构进行网上公示与跟进，在专业服务业不同行业中，树立典型的成功案例，讲好“外企来沪发展的故事”，并以案例为载体，对引资政策与流程进行讲解，形成专业服务业引资案例库，为有意愿来沪的企业形成示范推动效应。

## （二）加强知识产权保护，夯实专业服务业发展的商业信用体系

**（1）建立与专业服务业相适应的知识产权保护体系。**进一步完善2020年版本的《上海市知识产权保护条例》，加强与专业服务领域知识产权保护对接。专业服务业属于知识密集型服务业，其提供的专业知识服务具有高知识性、高创新性、高技术性、高互动性、高隐形性、高多样性，很难简单地使用专利、版权、商标这样传统、正式的知识产权保护方法对其进行有效保护。随着上海服务业的不断发展，尤其是专业服务业在经济中的作用越来越大，要结合上海发展的实际，创新探索与专业服务业发展相适应的知识产权保护体系，如探索与加强采用IPR保密、锁定策略、领先市场策略、复杂设计甚至公开发表等主要保护手段，知识产权等相关管理部门要落实这些保护方法与不同知识产权类型之间的关系框架，并制定相应配套政策与细则加以规范与落实。

**（2）加强知识产权领域的区际与国际合作保护。**拓宽知识

产权对外合作交流渠道，加强与世界知识产权组织等国际组织的合作交流，构建与国际接轨的知识产权保护体系。鼓励和支持社会组织依法开展知识产权保护国际交流合作。推动与港澳地区以及重点投资来源国之间的知识产权互认与同等保护，上海自贸区内企业或在其内部工作的香港地区、澳门地区居民作为第一权利人享有的香港地区、澳门地区知识产权经上海市知识产权相关管理部门认定并列入清单的，应按照相关规定获得同等保护。支持专业服务业内外资重点行业、企业共同建立知识产权维权联盟，促进联盟成员加强知识产权保护的交流与合作。强化促进贸易自由、投资便利的知识产权综合服务功能，引导知识产权服务机构围绕跨境投资与贸易进行集聚，支持跨境知识产权服务业集聚区建设，促进跨境知识产权服务业联动发展和协同创新。建立健全知识产权执法国际合作机制，打击跨境知识产权侵权违法行为。

**（3）健全社会信用体系**。建立和完善信用信息归集使用的数据、行为、应用“三清单”制度，加强各领域信用数据的整合共享与互联互通，推广信用产品和应用。探索建立市场主体信用等级标准体系，积极培育发展信用信息专业服务市场，支持内外资企业共建信用评级服务机构，改变专业服务尤其是咨询领域的不规范与商业不诚信行为。对内外资企业一致对待，建立行政审批诚信档案制度，完善企业失信记录和披露制度，加大违法违规行为惩戒力度，落实信用约束机制。着重强化专业服务领域的知识产权保护与商业信用体系建设，建立专业服务领域知识产权失信主体与信用不良的“黑名单”，对重复侵权、故意侵权的企业进行公示，对严重失信主体，在政府采购和招标投标领域进行限制。定期评选上海市专业服务业信誉优秀企业，并给予一定的奖励与政策优惠。

## （三）建立上海专业服务业决策与监管的数据支持体系

**（1）构建专业服务业营商环境动态监测系统。**要对标国际一流，结合上海实际情况，构建专业服务业领域营商环境指标体系，建立专业服务业营商环境动态监测系统。在构建专业服务业领域营商环境指标体系过程中，要结合专业服务业的“高知识性、高专业性、高人力资本性、高隐形性、高互动性”，注重与营商环境整体监测指标体系之间的差异。在数据支持上，不仅要汇聚统计局、商务委、经信委等主管部门的相关信息与数据源，更需要在全市范围内选择若干个有代表性的专业服务企业作为动态监测点，并由纪检部门指定专人负责反馈，实现统计数据与监测数据的协调配合，构建以大数据为支撑的上海市专业服务业营商环境动态“监测系统”。在数据发布上，要将监测数据实时上网发布，并向企业、媒体等相关部门进行推送，为管理部门决策与企业投资提供数据支持。

**（2）进一步健全专业服务业的统计体系。**完善国民经济行业分类体系。由于原有的“商务服务业”内部各行业之间差异较大，建议进行重新分拆，设立“专业服务业”，作为服务业的重要行业分支进行统计。加强对在沪外资与合资的专业服务机构统计，开展重点联系企业统计数据直报，增加监测企业数量，实现系统重要性服务贸易企业直报全覆盖。加强对专业服务业劳动力市场的统计调查与分析工作，尤其注重对外籍专业服务人士的统计分析，掌握外籍专业人士在沪工作的现状与规律。加强对服务贸易的统计监测、运行和分析，建立健全服务贸易重点联系企业直报系统。

**（3）完善以数据为支撑的专业服务业监管体系。**建立上海市专业服务企业数据库，整合工商、税务、社保、投资等平台信息，探索运用大数据与人工智能技术，为监管执法提供有效支撑。强化事中事后监管，深入推进市场监管系统体制改革。发布监管事项清单，依托“双随机＋联合检查”，强化部门协同监管。推进事中事后监管平台建设，加强市、区监管信息平台之间的互联互通，实现监管信息共享。鼓励社会力量参与市场监督，建立健全会计、审计、法律和检验检测认证等第三方专业机构参与市场监管的制度安排。

## 四、强化高端要素集聚，为全球专业服务机构提供广阔发展空间

### （一）打造专业服务集聚区，汇聚全球专业服务主体

**（1）大力推进“全球服务商计划”。**在全市范围内大力推进“全球服务商计划”。对标 GaWC175 名单，建立强有力的统筹推进机制，组建专业服务业联盟，整合行业资源，推动跨界融合、组团式发展，高度集聚国内外知名的会计审计、资产评估、管理咨询、法律服务、人力资源、建筑设计等专业服务机构。依托陆家嘴金融区、静安专业服务业集聚区、上海自贸区及其临港新片区等政策优势和产业基础，高效推动 2～3 个专业服务综合性示范区。通过示范区引领，提升专业服务集聚水平，扩大国际影响力，集聚更高能级国际机构，加快专业服务业由对内服务迈向全球服务，提升专业服务业的品牌影响力和国际竞争力。为示范区企业提供综合服务包，加大对人才吸附能力。

**（2）吸引专业服务组织、行业协会落户上海。**上海要集聚全球专业服务机构，离不开专业服务组织或者行业协会的支持。可以根据上海专业服务业发展的现实情况，从上海产业整体发展规划出发，从有利于上海专业服务业产业竞争力的角度，选择吸引

一批国内或者国际的专业服务业行业协会或者专业组织迁往上海或者成立分支机构。对于那些尚未建立行业协会的专业服务业细分领域，特别是在上海又有一定影响力的行业，可以组织成立全球性或者全国性的行业协会。同时，要注意发挥行业协会或者专业组织对专业服务机构的集聚作用与影响力，真正达到以组织或者协会吸引企业集聚的目的。

**（3）提升政策优惠力度促企业集聚。**为鼓励存量专业服务业机构长远发展，重点培育与区域定位相匹配的专业服务业机构。每年安排专项奖励资金，对经济发展做出较大贡献、业务规模持续、稳定发展的专业服务业机构，按照年度贡献一定比例给予资金奖励。鼓励国内外知名专业服务业机构在上海设立衍生“高精尖”业务板块，对符合本市亟待重点发展的重点领域可以给予一定的产业发展基金支持。对新设立和新引进的重点专业服务业机构，购买办公用房的，给予一定比例的租金补贴；租用办公用房的，根据专业服务业机构综合贡献、市场地位、未来影响等因素，综合评定给予资金补贴。鉴于专业服务业对办公空间需求较大的特性，可以鼓励专业服务业机构进驻城市可利用产业空间，对低效楼宇围绕专业服务业发展进行改造提升、形成专业服务业主题楼宇、实现高效发展的，给予资金支持。对机构设立形式特殊、支持项目特别重大等特殊情况，涉及购租房补贴、发展贡献奖励等支持事项的，区政府可以按照“一事一议”方式给予支持。

## （二）吸引全球专业服务人才，汇聚全球智力

**（1）加强专业化国际人才引进。**采取授权、委托、资助或购买服务等方式与国际知名人才服务机构合作，建立分领域、分行业的高层次急需紧缺人才需求目录及专业服务技术人才库。对全球知名专业服务机构聘用优秀外籍青年及管培生来沪工作示范项

目，按照急需紧缺人才适当放宽准入条件。将国际化专业服务人士纳入本市优秀人才引进“绿色通道”，包括符合本市急需的具有全球视野，熟悉国际间商务、法律、金融、技术转移等规则的人才，外国或港澳台地区来沪投资设立的规模以上企业聘用的高级专业服务人才，以及在本市行政区域内的知识产权服务机构、金融机构、人力资源服务机构、律师事务所、会计师事务所等科技创新服务主体中承担重要工作的人才等。

**（2）优化专业服务人才发展环境。**充分发挥“户籍政策”与“公共租赁住房政策”在国内外人才引进集聚中的激励和导向作用，支持全球知名专业服务机构的员工以人才引进的方式落户，对本市紧缺的专业服务领域中具有行业重要影响力的专业服务企业，以单位名义整体租赁本市的市筹、区筹公共租赁住房解决本单位人才阶段性居住困难，要予以重点支持。在局部区域开展海外人才永久居留、出入境便利服务以及在沪外国留学生毕业后符合条件的直接留沪工作，试行外国人来华工作许可、居留许可等业务“一门式”受理模式。加大对海外人才在项目申请、成果推广、金融服务等方面的支持力度，允许或支持外籍专业服务人才、外国专家领衔或参与承担国家和上海市重大科技项目。

**（3）提高对行业领军人才的引进与支持力度。**落实上海市人才分类评价机制，加大对专业服务业行业领军人才的培养与支持力度。像对待科学家一样，尊重与重视专业服务人才，充分肯定专业服务人才在上海经济发展中的贡献与作用，定期评选专业服务行业示范领军人物，让专业服务人才获得荣誉感。聚焦会计、法律、管理咨询、建筑设计、广告业和会议展览等领域，进一步发挥猎头机构的引才融智作用，猎头机构依照有关人才选聘项目清单为用人单位选聘人才后，给予资金奖励，奖励金额为猎头服务费的50%，单笔奖励资金不超过50万元人民币。同时，面向海外高层次人才，加快建设国际人才社区，为本市商务咨询服务发展急需或创新创业潜力较大的人才在人才引进、子女教育和医疗等方面开辟服务通道。

## （三）加速长三角一体化，构建上海专业服务业发展的广阔市场腹地

**（1）构建长三角对外投资合作一体化服务体系。**长三角市场规模大、一体化水平高，不仅奠定了上海长三角龙头地位的基础，也是外资企业选择上海进驻中国的主要考虑，以上海为中心的长三角广阔市场腹地为在沪外资企业提供了广阔空间。在长三角一体化战略背景下，上海要吸引全球专业服务机构、提升专业服务能级，需要构建长三角对外投资一体化服务体系。要以长三角一体化对外投资合作发展联盟为依托，共同谋划长三角对外投资合作工作体系，共同服务长三角对外投资合作企业发展，共同推动长三角对外投资合作项目落地，要实现共同准入、协同引资。

**（2）破除专业服务企业跨区域经营的市场壁垒。**在长三角一体化战略背景下，上海要吸引全球专业服务机构，推进上海专业服务业高质量发展，必须跳出上海，从长三角整体的战略高度出发，不仅要避免“以邻为壑”的发展策略，错位引资，而且要破除专业服务业跨区域经营的市场壁垒。要“一个标准管准入”，投资核准目录和产业准入标准实现统一，推动职业资格、技术职称互准互认。要推动专业服务人才在区域内自由流动、自由执业；允许专业服务机构在区域内自由搬迁，为企业变更注册与经营地提供便利；鼓励专业服务机构在不同省份之间设立不同层级的分支机构，构建区域专业服务网络，打造专业服务业“梯次总部经济”。

**（3）发挥全球专业服务机构在推进长三角一体化中的促进作用。**长三角较高程度的一体化经济发展格局，为全球专业服务机

构发展提供了庞大市场空间；反过来，进一步推进长三角一体化，也需要发挥全球专业服务机构的功能促进作用。在沪专业服务企业既是长三角一体化的受益者，也是重要的参与者与推动者。专业服务业本身就是为企业服务，企业的痛点就是行业的商机，要发挥专业服务业的产业服务功能，解决市场与企业发展过程中遇到的各种痛点与难题，降低交易成本，优化营商环境，提升交易规模，促进要素在区域内自由流动。更重要的是，专业服务业属于产业链中的重要一环，要发挥专业服务业在区域产业链中的关键作用，推动技术与知识在区域内的传播与扩散，加速产业发展与区域创新的一体化进程。

## 五、构建全球专业服务网络，打造示范引领性品牌

### （一）以“走出去”实现“引进来”

**（1）支持专业服务企业“走出去”**。推动企业“走出去”，提升上海专业服务业的全球影响力与吸引力。以“走出去”实现“引进来”，推动形成专业服务业跨国公司以上海为“据点”的全球化战略路径。为本土专业服务企业提供更大舞台，支持一批信誉好、有潜力的本土专业服务平台企业做大做强，通过开展跨区域、跨行业资源整合，在海外设立分支机构，参股、收购、兼并当地专业服务企业，面向全球提供全链条、全过程服务。鼓励上海外资跨国公司与本土企业组成联合体形式，共同开拓第三方市场。

**（2）开展境外服务合作伙伴网络工程**。搭建境内外专业服务企业合作对接平台，为双向投资、项目建设、工程承包等提供系

统化专业服务。以对外基础设施建设、资源开发、对外援助等重大项目为依托，支持专业服务业企业集约式、链条式“抱团出海”。建立完善投资合作风险预警共享机制，加强对企业境外经营风险防范的指导。

**（3）加强与国际组织团体合作。**积极扩大专业服务领域“朋友圈”，加强与驻外使领馆、外国商会、国际组织的合作，推进与全球重要城市、友好城市相关经贸机构、商协会的合作，支持会计、审计、评估、信用法律、咨询、广告、知识产权等行业设立境外分支机构。坚持利用开放平台发出中国声音，推动从事国际合作的专业服务队伍发展壮大，更好利用社会资源开展国际合作。

## （二）搭建专业服务工商合作机制化平台

**（1）实施一批国际化综合服务平台项目。**发挥亚太经合组织工商领导人峰会、上海合作组织公司论坛、国际大都市商会会长联席会议等多边工商合作机制作用，探索国际专业服务合作机制建设，并鼓励全球专业服务机构积极参与。借助沪港洽谈会、沪港合作会议等交流平台，加强沪港两地商协会、服务机构对接，发挥两地专业服务优势，共同参与“一带一路”建设，开拓第三方市场。

**（2）推进“一带一路”服务平台建设。**要发挥上海“一带一路”起点优势，推进“一带一路”服务机制建设，构建全球共享服务平台，支持“一带一路”服务机制总部基地落户，鼓励全球专业服务机构参与“一带一路”建设，改善“一带一路”营商环境。公开遴选一批平台服务单位，引导在沪外资专业服务机构，共同建设“一带一路”双向投资综合服务平台，制定综合服务平台建设实施方案，为来自“一带一路”地区商协会及企业提供服务，并举办线上线下双向投资促进活动。

**（3）推进国内专业服务平台建设。**积极申报国家级国际营销公共服务平台，鼓励现有平台做大做强。推进上海国际经贸发展服务中心、民营经济发展服务基地等平台建设，鼓励中外资专业服务机构积极平等参与，为企业开拓国际市场提供政策咨询、项目信息、法律支持、商事调解、风险预警等综合服务，为企业“走出去”和“引进来”构建专业服务体系。

### （三）全面打造专业服务示范引领性项目品牌

**（1）引进国际知名品牌形成带动效应。**发挥专业服务机构有效链接全球优质资源优势，强化招商引资。分行业、分区域强化精准对接，积极引进商务咨询服务全球高端品牌，强化市场化机制，促进以商招商，推动关联产业外资专业服务企业集中组团落户，吸引一批优质国际机构、品牌和项目在沪落地，发挥企业之间的关联与协同效应。

**（2）推动形成内外品牌互嵌融合发展格局。**鼓励专业服务企业提升能级，在本市注册并具备独立法人资格。以专业服务领域中的咨询行业为突破口，鼓励与协助内外资企业相互兼并重组进行优势互补，提高品牌整体认知度，形成一批具有国际影响力的品牌。支持本土品牌与在沪外资企业设立境外分支机构，并共同加入境外上海国际经贸发展服务中心网络，鼓励境外上海国际经贸发展服务中心拓展咨询业务，力争在两年内建成一定规模的国际服务网络，形成中资品牌与外资品牌在境内外均高度互嵌的网络格局。

**（3）共建“上海标准”，提升品牌知名度。**推进专业服务业标准化建设，引导企业、行业组织主导参与行业标准、国家标准与国际标准的制定修订。鼓励在沪外资企业积极参与其中，带动

"上海标准"与国际衔接。引导行业协会、商会等社会团体制定和使用团体标准，实施企业服务标准自我声明公开制度，建立可复制、可推广的"上海标准"。开展专业服务领域标准化试点示范建设，提升上海服务品牌的知名度与影响力。

# 参考文献


[1] Yair Aharoni. Internationalization of professional services: Implications for accounting firms. London: Routledge, 2012: 20 –40.

[2] Arthur – S Alderson, Beckfield Jason, Sprague – Jones Jessica. Intercity Relations and Globalisation: The Evolution of the Global Urban Hierarchy, 1981 – 2007 [J]. URBAN STUDIES, 2010, 47 (9): 1899 –1923.

[3] Michael Barrett, Hinings Bob. Service innovation in professional service firms. Oxford: Oxford University Press, 2015: 238 –254.

[4] Daniel – C Bello, Radulovich Lori – P, Javalgi Rajshekhar – Raj – G, et al. Performance of professional service firms from emerging markets: Role of innovative services and firm capabilities [J]. Journal of World Business, 2016, 51 (3): 413 –424.

[5] Mehdi Boussebaa. Professional service firms, globalisation and the new imperialism [J]. Accounting, Auditing & Accountability Journal, 2015, 28 (8): 1217 –1233.

[6] David – M Brock. Building global capabilities: A study of globalizing professional service firms [J]. The Service Industries Journal, 2012, 32 (10): 1593 –1607.

[7] David – M Brock, Alon Ilan. Internationalization of professional service firms [J]. International Business: Research Teaching and Practice, 2009, 3 (1): 52 –70.

[8] John – R Bryson, Daniels Peter – W. The handbook of service industries [M]. London: Edward Elgar Publishing, 2007.

[9] Manuel Castells. The informational city: Information technology, economic restructuring, and the urban – regional process [M]. Oxford: Blackwell Oxford, 1989.

[10] James – C Davis, Henderson J – Vernon. The agglomeration of headquarters [J]. Regional science and urban economics, 2008, 38 (5): 445 – 460.

[11] Thomas – J DeLong, Nanda Ashish. Professional services [M]. New York: McGraw – Hill/Irwin, 2003.

[12] Ben Derudder, Taylor Peter, Ni Pengfei, et al. Pathways of Change: Shifting Connectivities in the World City Network, 2000 – 2008 [J]. URBAN STUDIES, 2010, 47 (9): 1861 – 1877.

[13] Laura Empson, Muzio Daniel, Broschak Joseph – P, et al. The Oxford handbook of professional service firms [M]. Oxford: Oxford University Press, 2015.

[14] Lukas Figge, Martens Pim. Globalisation Continues: The Maastricht Globalisation Index Revisited and Updated [J]. GLOBALIZATIONS, 2014, 11 (6): 875 – 893.

[15] John Friedmann. The world city hypothesis [J]. Development and change, 1986, 17 (1): 69 – 83.

[16] Bob Hinings, Muzio Daniel, Broschak Joseph, et al. Researching professional service firms: An introduction and overview. Oxford: Oxford University Press, 2015.

[17] Eric Knight, Wojcik Dariusz. Geographical linkages in the financial services industry: a dialogue with organizational studies. Routledge, 2018: 204 – 226.

[18] David – H Maister. Managing the professional service firm

[M]. Newyork: Simon and Schuster, 2012.

[19] Namrata Malhotra, Morris Timothy. Heterogeneity in professional service firms [J]. Journal of management studies, 2009, 46 (6): 895 -922.

[20] James - Brian Quinn, Anderson Philip, Finkelstein Sydney. Managing professional intellect: making the most of the best. London: Routledge, 2009: 87 -98.

[21] Roger - W Schmenner. How can service businesses survive and prosper? [J]. Sloan Management Review (1986 - 1998), 1986, 27 (3): 21.

[22] Thomas Sigler, Neal Zachary - P, Martinus Kirsten. The brokerage roles of city - regions in global corporate networks [J]. Regional Studies, 2023, 57 (2): 239 - 250.

[23] Peter Taylor, Derudder Ben. World city network: a global urban analysis [M]. London: Routledge, 2015.

[24] Andrew Von Nordenflycht. What is a professional service firm? Toward a theory and taxonomy of knowledge - intensive firms [J]. Academy of management Review, 2010, 35 (1): 155 - 174.

[25] 阿希什·南达. 专业服务业 [M]. 北京: 中国人民大学出版社, 2004.

[26] 北京市商务局, 北京市发展和改革委员会, 北京市财政局.《关于北京市专业服务业助力“走出去”发展若干措施》的通知 [J]. 北京市人民政府公报, 2022, 22 (1): 19 - 26.

[27] 彼得·泰勒等. 世界城市网络 [M]. 南京: 江苏凤凰教育出版社, 2018.

[28] 陈金波, 邢华, 何建敏. 中心—外围结构与跨国公司选址研究 [J]. 中国软科学, 2005, 20 (4): 91 -96.

[29] 陈向明. 互补协同: 全球城市竞争与合作的新趋向 [J].

探索与争鸣，2019，34（3）：20－23.

［30］程大中．中国生产性服务业的水平，结构及影响［J］．经济研究，2008，54（1）：76－88.

［31］戴维·诺克等．社会网络分析［M］．上海：格致出版社，上海人民出版社，2012.

［32］冯春晓．上海专业服务业能级跃升思路与举措研究［J］．科学发展，2023，16（12）：66－72.

［33］贺灿飞．公司总部地理集聚及其空间演变［J］．中国软科学，2007，22（3）：59－68.

［34］贺灿飞，肖晓俊．跨国公司功能区位实证研究［J］．地理学报，2011，66（12）：1669－1681.

［35］黄国妍，刘江会，姜鑫涛，等．基于复杂网络分析方法的国内外主要城市竞争力比较研究［J］．城市发展研究，2019，26（1）：38－46.

［36］黄静．智力汇聚，彰显专业——2021年上海规模以上专业服务业发展情况分析［J］．统计科学与实践，2022，41（4）：38－41.

［37］李锋，陆丽萍．新形势下上海应进一步吸引跨国公司地区总部集聚和提升能级［J］．科学发展，2019，12（6）：35－47.

［38］李松庆．生产性服务业的空间布局研究：文献综述与展望［J］．广东工业大学学报（社会科学版），2011，11（5）：16－22.

［39］刘江会，贾高清．上海离全球城市有多远？——基于城市网络联系能级的比较分析［J］．城市发展研究，2014，21（11）：30－38.

［40］曼纽尔·卡斯特等．网络社会的崛起［M］．北京：社会科学文献出版社，2003.

［41］闵卫国．促进广州高端专业服务业提升能级的意见建议［J］．

广州社会主义学院学报，2022，20（1）：74－76.

［42］潘闻闻．聚焦高能级主体打响“上海服务”品牌［J］．科学发展，2020，13（9）：44－50.

［43］邱灵．大都市生产性服务业空间集聚：文献综述［J］．经济学家，2014，26（5）：97－104.

［44］萨斯基娅·萨森，许玫．新型空间形式：巨型区域和全球城市［J］．国际城市规划，2011，26（2）：34－43.

［45］上海市人民政府办公厅．关于印发《上海市服务业发展“十四五”规划》的通知［J］．上海市人民政府公报，2021，12（15）：11－24.

［46］上海市人民政府发展研究中心．上海现代服务业发展报告－2020［M］．上海：上海社会科学院出版社，2021.

［47］石弘华．专业服务业：治理与发展［M］．太原：山西经济出版社，2012.

［48］石烁．上海2050：新兴全球城市的崛起［J］．科学发展，2015，8（2）：24－28.

［49］石忆邵，蒲晟．专业技术服务业：大都市产业结构调整的新方向［J］．南通大学学报（社会科学版），2010，26（3）：26－30.

［50］史忠良，沈红兵．中国总部经济的形成及其发展研究［J］．中国工业经济，2005，22（5）：58－65.

［51］丝奇雅·沙森．全球城市［M］．上海：上海社会科学院出版社，2005.

［52］宋玉．上海市专业技术服务业发展情况报告［J］．统计科学与实践，2020，27（7）：40－42.

［53］苏宁，王旭．金融危机后世界城市网络的变化与新趋势［J］．南京社会科学，2011，22（8）：60－66.

［54］汪传江．上海吸引全球专业服务机构的问题与对策［J］．

科学发展，2022，15（11）：39－47.

［55］王宝平，徐伟，黄亮．全球价值链：世界城市网络研究的新视角［J］．城市问题，2012，31（6）：9－16.

［56］王猛，王琴梅．中国服务业集聚的特征研究——基于第五、六次人口普查分县数据［J］．世界地理研究，2021，30（3）：601－610.

［57］吴忠．纽约、东京、伦敦制造业发展模式及对上海的启示［J］．科学发展，2018，11（11）：14－25.

［58］张丽丽，郑江淮．国外总部经济研究进展与述评［J］．上海经济研究，2011，31（4）：89－95.

［59］张武晴．上海构建国际一流总部经济生态圈的关键及建议［J］．科学发展，2020，13（7）：16－22.

［60］赵明霏．知识密集型服务业发展研究［D］．天津：南开大学，2013.

［61］郑京淑．跨国公司地区总部职能与亚洲地区总部的区位研究［J］．世界地理研究，2002，11（1）：8－14.

［62］郑琴琴，李志强．专业服务业跨国公司全球资源的利用研究［J］．亚太经济，2007，23（6）：111－113.

［63］周振华．崛起中的全球城市［M］．上海：格致出版社，上海人民出版社，2017.

［64］周振华．全球城市［M］．上海：格致出版社，上海人民出版社，2017.

［65］周振华．论城市能级水平与现代服务业［J］．社会科学，2005，27（9）：11－18.

［66］周振华．全球城市的理论涵义及实践性［J］．上海经济研究，2020，40（4）：99－108.

［67］周振华．全球城市发展指数－2019，2019［M］．上海：格致出版社，上海人民出版社，2019.

［68］周振华．全球城市［M］．上海：格致出版社，上海人民出版社，2019.

［69］周振华．伦敦、纽约、东京经济转型的经验及其借鉴［J］．科学发展，2011，2（10）：3－11.